島原の乱

キリシタン信仰と武装蜂起

神田千里

講談社学術文庫

目次

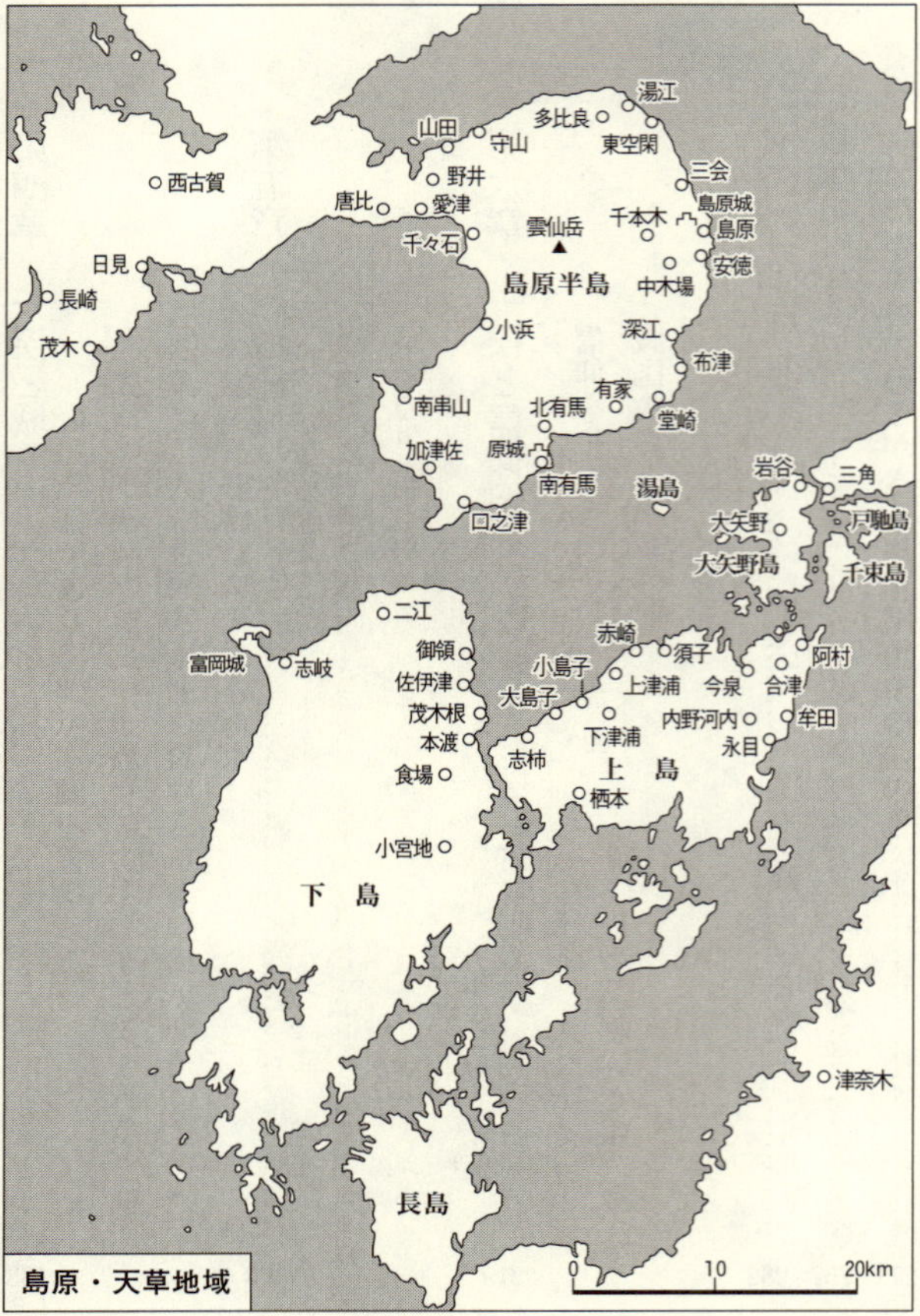

島原・天草地域
湯江
多比良
東空閑
山田
守山
三会
西古賀
野井
島原城
唐比
愛津
千本木
島原
雲仙岳
千々石
安徳
日見
島原半島
中木場
長崎
茂木
小浜
深江
布津
有家
南串山
北有馬
堂崎
加津佐
原城
南有馬
湯島
岩谷
三角
口之津
大矢野
戸馳島
大矢野島
千束島
二江
赤崎
御領
須子
阿村
富岡城
志岐
小島子
佐伊津
上津浦
今泉
合津
大島子
茂木根
内野河内
牟田
本渡
下津浦
永目
志柿
食場
上　島
栖本
小宮地
下　島
津奈木
長島
0
10
20km

島原の乱

民衆を動かす宗教――序にかえて

キリシタンの蜂起

十七世紀前期の寛永《かんえい》十四年（一六三七）、百年にわたって続いた戦乱の気配もようやく遠のき、江戸幕府の統治も安定をみせ始めていた時期に、九州の一角で突如起ったキリシタンの武装蜂起《ほうき》は、幕府や各地の大名をはじめ、多くの人々に強い衝撃を与えた。幕府の動員した十二万人を超える大軍によってようやく鎮定された、この大規模な一揆《いっき》蜂起は、徳川三百年といわれる平和の時代の幕開けに位置してひときわ異彩を放っている。本書はこの島原《しまばら》の乱（島原・天草《あまくさ》一揆）について考えようというものである。

通常この乱の原因とされるのは、島原・天草地方の大名が飢饉《ききん》のさなかに領民に課した重税と幕府の指示のもとで行った大規模なキリシタンの迫害である。この説明は一見納得しやすいものの、具体的にみると問題が多い。重税に抗しての蜂起とはいうものの、後述するように一揆は、必ずしも重税に苦しむ領民一般の支持を得たわけではない。一揆は、同じく重税に苦しむはずの民衆にキリシタンへの改宗を武力で強制し、改宗を拒んだ民衆には攻撃を加えた。重税に抗する農民一揆と簡単に割り切れない側面がある。

また迫害されたキリシタンが武装蜂起したという点にも矛盾がある。信仰篤《あつ》いキリシタンたちは大名の迫害に直面して躊躇《ちゅうちょ》なく殉教の道を選んだことが知られるが、武力抵抗はしなかった。武装蜂起という行動様式がキリシタンとなじまないのである。また蜂起したキリシタンたちは棄教を迫られたから蜂起したのではない。彼らの圧倒的多数は一旦《いったん》迫害に屈して棄教しており、棄教の後十年近く経ってから「立ち帰」った、即《すなわ》ち再度改宗した「立ち帰りキリシタン」であった。

一般人の宗教戦争

こうした矛盾の多い説明がなされてきた背景には宗教に対する考え方がある。実のところ日本人、特に現代の日本人の多くにとっては命を賭《か》けた信仰や、宗教を理由とする戦争などあまり縁がない。だからこういうものは、遠い時代に起った特殊な人間による特異な事件と見なして、ともすれば敬遠しがちである。だから宗教による行動は「篤い信仰」の一言以上の説明はなされてこなかった。

戦後の歴史学でも宗教や信仰などは歴史の重要なテーマとしてこなかった。こうした科学的合理性から遠い印象を与えるものは、たとえば島原の乱の原因を考えるに際しても、重視することには慎重な態度をとってきたのである。誰《だれ》もが認めることのできる客観的な事柄を手がかりにしようとする態度は学問において重要であり、その意味ではこうした態度は正当である。しかしその一方でこうした態度が、宗教の存在をなるべくみないようにする傾向を生んだことも否めない。はなはだしい場合は、宗教を無視する態度、宗教音痴に徹することが「科学的」であるとするような風潮すら生んだ。

しかし島原の乱を考える上では、こうした見方をする限り誤った理解になるだろうと筆者は考える。何故《なぜ》なら第一に、並はずれて信仰の強固な者たちだけが一揆に加わったわけではないからである。一揆構成員の多くが「立ち帰りキリシタン」であったことが、その何よりの証左であると思われる。島原・天草地方には十六世紀後期から十七世紀の初めまで有馬晴信《はるのぶ》、小西行長《ゆきなが》というキリシタン大名の統治が行われた。その後松倉、寺沢《てらざわ》という大名により統治が行われ、信仰の統制が強化されたため、一六二〇年代後半からキリシタンの迫害が厳しくなった。領民の多くはキリシタン大名の時代には大勢に従ってキリシタンとなり、迫害が厳しくなってからは、やはり大勢に従って棄教した。

このようなごく普通の領民たちが否応《いやおう》なく宗教一揆に巻き込まれたのである。彼らの大部分は村ごとに、村のリーダーである庄屋《しょうや》に率いられて行動した。村ぐるみの結束を支えに生きてきた村民たちは、村の方針として、天草四郎を擁立した一揆側につくか、それともその一揆の攻撃対象である島原藩や唐津《からつ》藩につくかの選択を迫られたからである。こうした事情から、キリシタン信仰への関心如何《いかん》によらず、宗教を考慮した行動を強いられることになった。島原の乱は、キリシタンではない人々も含め、ほとんどの人々が信仰に対する決断と行動とを迫られた重大な事件だったのである。

そうした事態の背景としては当時の飢饉、一揆の擁立した天草四郎というカリスマの登場、さらに日本を取り巻いていた国際環境など注目すべき点は幾つかある。人並みはずれた宗教心の持ち主というわけではない人々が、どのような機縁で宗教一揆と関わるに至ったのかを具体的に考えようというのが本書の最大の眼目である。

戦国の気風の残存

第二に一般民衆が武装蜂起するについては、何の指導者もなく起ったわけではないし、何も知らない民衆がいきなり内戦に巻き込まれたわけでもない。約百年に及ぶ戦乱の歴史を通じて、民衆を動員し蜂起させるやりかたを知り抜いていた指導者がいなければこの武装蜂起は起らなかった。天草四郎を擁立した、旧有馬家家臣を含む指導部の牢人《ろうにん》たちはまさにこういう部類の人々だったのである。また戦争に対処する方法を、やはり戦乱の中で鍛え上げていった、庄屋のもとに結集した村民がいなければ、このような事態にはならなかった。その意味で島原の乱は、戦国時代にどのように戦乱が起り、それに民衆がどのように対処していたのかを知ることのできる希有《けう》の事件である。島原の乱を通じて、戦国の事情や気風を垣間見《かいまみ》ることができる。

たとえば戦国大名の建設した、いわば権力の象徴ともいうべき壮大な城が、戦乱の中では民衆の避難所となっていたことが指摘されているが、城のこうした機能は、この乱を考える上で欠かすことができないほど重要である。また戦乱の中で、ともすれば馬の蹄《ひづめ》にたやすく蹴《け》散《ち》らされ、軍勢の放火や掠奪《りゃくだつ》の中で逃げ惑うしかすべがないだろうと想像されがちな民衆が、案に相違して大名から有力な軍事力とみられていたことも乱の重要な特徴である。史料の少ない戦国時代の戦乱に比べ、九州を中心とする大名家が克明な記録、幕府に対する克明な報告書を残したこの乱は戦国の争乱を考える上でも重要な素材である。

「殉教」かサバイバルか

第三に島原の乱は、とかく敬虔《けいけん》な信仰をもつキリシタンの殉教戦争とみられがちであるが、先ほど少し触れたように、こうした見方は実態から少なからずずれているように思われる。一揆は町や寺院を襲撃して放火し、掠奪し、逃げ遅れた女性を拉致《らち》し、武力で信仰を無理強いし、寺院を破壊し、罪もない僧侶《そうりよ》を処刑することもしたのである。

このような、普通は表面に出てこない一揆の行動を明らかにするのは、一揆を断罪するためではもちろんないし、一揆には肯定的な面と否定的な面とが混在していた、という類《たぐい》の評定をするためでもない。良きにつけ悪しきにつけ、戦国の民衆がしばしば起した一揆蜂起とはこのような行動をともなうのが普通であり、またそこには島原の乱の重要な特徴があることを明らかにしたいからである。時代の枠組みや事件の背景をぬきにして、一揆がはたして正義か否かを問うても、その行動を理解したことにはならないだろう。性急な評価も性急な批判もまずは棚上げして、その行動を具体的にみていきたい。

最後の局面である一揆の原城《はら》籠城《ろうじよう》と兵粮攻め《ひようろうぜ》の末の落城も、殉教による全滅という面は強調されても、それ以前に原城から投降した一揆衆も少なくなく、一旦一揆に加担した村民も情勢をみて藩側に帰順したというような、生々しい人々の動きは注目されることが少ない。一揆方とは対立した民衆の動きとなると、華々しさもなく、また何らかの敬意に値するような特異な思想性もみられないせいか、ほとんど留意されない。

しかし現実の場面では、一揆方につくか、これを鎮圧しようとする藩や幕府の側につくかは、ほんの偶然的な紙一重の差でしかなかったのではないか。どちらも戦乱に直面した民衆の行動としてそれなりの背景と事情をもっている。人々の多様な動きは当然であり、一揆のキリシタンのみが悲劇の主人公であり、対立した民衆は反動的で頑迷な敵役《かたきやく》、というような単純な善悪二元論では、島原の乱は理解できないだろう。

困難なことではあるが一揆の民衆も、一揆と対立した民衆も共に、できるだけ具体的・客観的にみてみたい。歴史学の本領は行動の意義を評価する以上に行動の意味を理解することだからである。両者をひっくるめた民衆の多様な動きを、等しく生き残りをかけた戦いとみる視点によって、事件の全貌《ぜんぼう》がより明らかになり、また宗教や信仰にかけた、一見特異にみえる人々にも、人間として対等な目線で対することができるように思われる。

第一章　立ち帰るキリシタン

島原の乱は寛永十四年（一六三七）十月二十五日、肥前《ひぜん》国高来《たかく》郡島原領（現・長崎県島原市、雲仙市、南島原市）で蜂起したキリシタンにより、島原藩の大名松倉勝家《かついえ》の家中《かちゅう》の代官林兵左衛門らが殺害されたことから始まった。蜂起を鎮圧に向った島原藩士たちの軍勢も、キリシタン村民の一揆勢に圧倒され、島原城に撤退する。キリシタン一揆は数日にわたって城を包囲攻撃することになるのである。

島原領での蜂起のわずか二日後、肥後《ひご》国天草領（現・熊本県上天草市、天草市、天草郡苓北《れいほく》町）でやはりキリシタンが蜂起した。天草は当時、大名寺沢堅高《かたたか》の唐津藩領であり、天草郡下島《しもじま》の志岐《しき》の富岡《とみおか》城（現・天草郡苓北町）で城代を務める三宅重利《みやけしげとし》が日常的な統治業務を行っていた。蜂起したキリシタンの一揆は、やはり天草諸村の村民を組織して三宅重利の率いる富岡城の軍勢と戦い、その戦いの中で三宅重利は十一月十四日討死することになり、一揆がやはり富岡城を包囲攻撃することになるのである。

まずは島原地域における乱の発端である、松倉家中の代官殺害と一揆蜂起、キリシタンたちが蜂起した背景、さらに天草地域における一揆蜂起をみていくことにしたい。

城下に押寄せる一揆

代官・僧侶・神官の殺害

既に十月下旬、天草でキリシタンの「立ち帰り」が起ったのか、不穏な動きがあるとの噂《うわさ》が島原で流れ、松倉家中の代官たちがそれぞれ支配を割り当てられていた村々へ査察に向っていた。茂木《もぎ》の奉行職にあった佐野惣左衛門も、茂木、日見《ひみ》、樺島《かばしま》（いずれも現・長崎市）等長崎近辺の担当地域に向った。この地域は昔、「キリシタンの出家」つまり宣教師がおり、長崎にも一、二里の在所であったため、特に警戒を要したから、と惣左衛門の息子弥七左衛門は記録している（『佐野弥七左衛門覚書』）。

有馬村では三吉（北有馬村〔現・南島原市〕百姓）、角内（角蔵とも。南有馬村〔同前〕庄屋次右衛門弟と伝える）という二人の百姓が、天草大矢野《おおやの》に行って「益田《ますだ》四郎」（即ち著名な天草四郎）に帰依《きえ》してキリシタンが礼拝する絵像を授与され、村に持ち帰り、二十三日頃、村人を集めて布教を行う会合を開いていた。人々がひきもきらず集まり、二十三日の晩だけで七百人余りの男女がキリシタンに「立ち帰った」という（同上、『別当杢左衛門《もくざえもん》覚書』）。

翌日、松倉家中の代官がこの二人を捕え、島原城に連行して処刑した。しかしキリシタンたちは集会をやめず、三吉・角内はもはや「天上し、自由の身になった」と称して礼拝していた。二十五日、これを解散させるために向った林兵左衛門たちを、キリシタンたちは殺害し蜂起した。キリシタンたちは村々へ触状《ふれじょう》を廻《まわ》して代官、僧侶、神官らを殺害せよと蜂起を訴えたという（『佐野弥七左衛門覚書』）。熊本藩から派遣された道家《どうけ》七郎右衛門が十月二十九日に送った報告では林兵左衛門は口之津《くちのつ》（現・南島原市口之津町）で殺害されたともいう（『新撰御家譜《しんせんごかふ》』）が、ここでは島原藩士林小左衛門や佐野弥七左衛門の証言に従っておく。

これに呼応したキリシタンたちの手により口之津、加津佐《かづさ》（現・南島原市加津佐町）、小浜《おばま》（現・雲仙市小浜町）、北岡《きたおか》（現・南島原市南有馬町）で代官をはじめ僧侶、「社人」（下級神官）、果ては行掛りの旅人までが斬殺《ざんさつ》されたり、磔《はりつけ》にされたり、馬に乗せられて村々を引き回された上、斬殺されたとの報せが島原城に届いた。この時有馬村の代官本間九郎左衛門は船で逃げたという（『佐野弥七左衛門覚書』『別当杢

島原城全景　著者撮影

左衛門覚書』）。急ぎ有馬村へ向った松倉家家老岡本新兵衛ら一行にも、途中で布津《ふつ》村（現・南島原市布津町）では火の手があがり、方々で放火されているのがみえた（同上）。

岡本新兵衛らに随行していた下人や船頭・水主《かこ》たちには、元キリシタンだった者も多く、蜂起の急激な進展に「それみたことか」と言わんばかりの「得たり顔の気《け》色《しき》」になっていたという（『佐野弥七左衛門覚書』）。一揆の攻撃を逃れた本間九郎左衛門が、新兵衛らの一行と出会い、有馬村では村民たちが弓・鉄砲で迎撃の態勢を整えていることを報告し、島原方面でも火の手のあがっているのがみえるから、島原城へ戻るべきだと進言した（同上）。新兵衛らはともかくも一旦島原城へ戻ることにした（『林小左衛門覚書』等）。

城下住民の動向

一方、林兵左衛門らとともに有馬へ行くはずだったところを船に乗り遅れたため、陸路を有馬村に向った佃《つくだ》弥左衛門と富岡弥左衛門の二人は深江《ふかえ》口（現・南島原市深江町）まできたところで、蜂起したキリシタンに遭遇し、富岡はその場で討たれ、佃は城へ逃げ帰った（『佐野弥七左衛門覚書』）。島原城下もかつてはキリシタンだった者が多く、無条件に藩側に味方したというわけではない。既に二、三日前から家財を船に積んで沖へ避難させ、妻子は一揆方に人質に送った上、自分たちだけ家に残っている町人もいたという（同上）。

だが城下町では町奉行の差配によりいち早く町の別当（町役人）、乙名《おとな》たちを糾合し、一揆に対する防備を固めていた（『別当杢左衛門覚書』）。さらに町の別当・乙名たちは、松倉家中の武士たちに、味方するので武器を貸してほしいと申し入れた。武士たちは最初渋ったが、町民たちが妻子を人質に差し出したので、人質を城の三之丸に入れた上、鉄砲・長柄《ながえ》などを貸し与え、島原藩方は翌日、蜂起したキリシタンを討伐するために、早朝出撃と決まったという（同上）。

町の住民には確かに元キリシタンも多かったと思われる。この地域の大名はかつてキリシタン大名として有名な有馬晴信であった。晴信が岡本大八事件（後述）で刑死した後、元和《げんな》二年（一六一六）に大名として入部した島原城主松倉重政《しげまさ》（勝家の父）は、後述するように、寛永二年（一六二五）に大規模なキリシタンの迫害を行うまでの間、おおむねキリシタンには好意的であったから、城下町にキリシタンが多かったことも不思議ではない。

しかし一方、町住民は町の別当や乙名たちを中心に団結しており、多くの町と同様に彼ら住民による自治が行われていたと想定される。彼らが藩側に味方することを表明し、武器の貸与を申し入れたこともこうした状況を窺《うかが》わせるものといえよう。彼らにとって何よりも大事なことは自分の町とわが身を守ることであった。家財を船に積んで沖合に避難させ、一揆にも人質を出す一方、自らは城下町に残ったという、一部の町民の対応はこうした事情を窺わせるものである。結局のところ、町住民は団結して藩側に味方することにより、その大事な目的を達成する方法を選んだと思われる。

興味深いのは町住民に警戒を緩めない島原藩側に対して別当・乙名たちが人質を出し、武器を貸与されている点である。島原藩の武士たちがどう見なそうと、町住民は自ら藩士らを同盟軍に選び、共闘するつもりであったと考えられる。戦国時代にはこのように大名と町や村の自治組織とが共闘することは通常のことであった。こうした戦国の気風はいまだ健在であったといえよう。同様のことは後にみる、藩側に味方した村々の意識とも通底するものであろう。

一揆の攻勢と籠城

十月二十六日早朝に島原藩の武士たちは総勢二百人で深江村へ向った。島原城の防備のために侍六十人が選ばれた。さらに島原近くの安徳村《あんとく》（現・島原市）へ使者を派遣し「敵になるか、味方につくか」と尋ねたところ、村側は味方する旨回答したので、村の主だった者四人を人質に取り、城方の人数に加えたという（『島原一乱家中前後日帳覚』）。安徳村住民も自分たちの判断で藩側に味方することを決定したのである。言い換えれば、彼らは無条件に領主に味方するわけではなく、場合によってはキリシタンの一揆にも味方しかねない、自立的な行動をとり得る勢力だと、島原藩側もみていたことになる。

岡本新兵衛をはじめ城方の軍勢が深江村に到達した時には、深江村のキリシタンたちも村の出口に人数を揃《そろ》えていた。交戦した城方の軍勢は、一揆勢を村の中に追い込み、一揆は深江村の「古城」（『野村氏島原陣覚書』）によると、一揆の立て籠《こも》ったのは、石垣、堀、違虎口《ちがいこぐち》などの防備を備えた庄屋の屋敷だったという）に立て籠って応戦する。二人の戦死者、七人の負傷者を出すという激戦の末、藩方は村のあちこちに放火し、軍勢の疲労を考慮して島原城へ戻った（『島原一乱家中前後日帳覚』）。

ところが既に一揆勢の蜂起は、島原藩士たちの予測をはるかに超えて方々に拡がっていた。二十六日早朝、有馬村から中木場《なかこば》村（現・島原市）にかけて七ヵ村のキリシタンたちが蜂起し、城下へ押しかけた。一揆勢に押され、島原城方の軍勢は大手口四方の門を防いで籠城した（同上）。安徳村の村民たちは、荷物を牛馬につけ、子供たちを抱きかかえて城に避難し、城下町住民も残らず城内に避難する。一方、町に侵入した一揆勢は江東寺《こうとうじ》、桜井寺《さくらいじ》に放火した（『別当杢左衛門覚書』）。城方に味方した安徳村住民、城下町住民にとって島原城は、当然のことながら、わが身を守るための避難所になったのである。

島原城二之丸石垣　著者撮影

藤木久志氏が夙《つと》に指摘されて以来よく知られているように、戦国大名の城は、その支配に服する領民にとっては、来襲する敵の攻撃から身を守るために、籠城することのできる避難所であった。大名の城が、十七世紀前期になっても、依然として同じ役割を果たしていたことが分る。そしてまた城を媒介に、城主の大名、家中の武士、領民が一体となって武器を取り、外敵に対峙《たいじ》するという、戦国期にみられた領国の臨戦態勢は、十七世紀前期の島原藩にあっても健在だったといえよう。

一揆と女性

一揆はキリシタン禁制の高札《こうさつ》（広く周知させるための立札）を引き落として踏み砕き、「耶蘇《やそ》の経《きょう》」を読んで気勢をあげ、城門に押寄せた。一揆の中には女性もおり、城門の番屋へ火のついた松明《たいまつ》を投げ込み、放火を企てた（『佐野弥七左衛門覚書』）。後に肥前国佐賀藩鍋島《なべしま》家の使者亀川勝右衛門が村々の一揆勢と対峙して、籠城態勢にある島原城を訪れた時、町・城門へ放火したところを討取られた二十〜三十人ほどの一揆勢の死骸《しがい》が晒《さら》し物にされているのを目撃しているが、勝右衛門はその中に四人の女性がいたこと、そのうち二人は「こんたんす」（数珠《じゅず》）をかけていたことを報告している（『諫早《いさはや》有馬記録』）。キリシタン一揆の隊列の中には女性もいたのである。

戦国時代の軍勢の隊列に女性がいることは特に珍しいことではない。伊予《いよ》国宇和《うわ》地方の大森城《おおもり》（現・愛媛県宇和島市）では、敵に城下まで侵入された時、「女、童」五百余人を三手に分けて旗を立てさせ、城の麓《ふもと》へ進軍させるという作戦をとったというし、大森城の支城では大森城主土居《どい》清良《きよよし》の姉が城代を務め、この城からは女性の兵士三十人余りが打って出て、「男にまして」手柄を立てたという（『清良記《せいりょうき》』）。

こうした事実に注目した藤木久志氏は「戦国の世への記憶のなかで、女性や子どもの戦争参加が、当然のこと」として強い記憶をもって語られていたとしておられる。著名な慶長《けいちょう》十九年（一六一四）の大坂冬の陣の折には、大坂方に味方する一揆が紀伊《きい》国にある浅野忠吉《ただよし》の新宮《しんぐう》城（現・和歌山県新宮市）城下を襲った。これに対して留守居戸田勝直《かつなお》の指揮のもとに城下住民が応戦したが、その際に勇敢で人一倍知恵のあった本町浄円坊《ほんまちじょうえんぼう》の妻が住民の指揮をとったという（『北山一揆物語』）。

天草地域でも天正《てんしょう》十七年（一五八九）十一月、天草氏の本渡《ほんど》城（現・天草市本渡町）では夫や親族の男たちが負傷・戦死してしまったため、城主や家臣の妻女たちが武装して、攻撃する加藤清正《きよまさ》の軍勢と、三百人のうちほとんどが斬死するという壮絶な死闘を行い、「天草の兵士は男ではない。婦女子が大いに頑健勇猛な兵士に優って勇戦したのだから」と敵兵までが認めたという（ルイス・フロイス『日本史』第三部第六章）。戦国の軍隊、特に村・町の住民の一揆の場合、男女の区別などに拘泥《こうでい》してはいられず、力ある者が戦士に抜擢《ばってき》されたのだろう。

一方、搦《から》め手に押寄せた一揆はやはり放火、掠奪を行い、城中へ逃げ遅れた女性を拉致した。その際堀の中で死んだふりをし、一揆が立ち去ってから城中へ逃げ込んだ女性もいたという（『佐野弥七左衛門覚書』）。この時、富岡弥左衛門の妻と娘は、前日の弥左衛門の戦死を歎《なげ》き悲しんでいたところを一揆方に拉致され、後に一揆が籠城した原城に連行され、原城落城の前日に逃げ出して細川忠利《ただとし》の軍に投降し、救出されたという（同上）。

軍勢が家財を掠奪したり、人間を拉致したりすることは「乱取《らんど》り」と呼ばれ、戦国時代の戦場では雑兵《ぞうひょう》たちによって当然のように行われていた。後に一揆が原城に籠城した際、拉致した松倉家中の女性たちのうち、若い女性は一揆の独身の男が妻にし、年取った女性には飯炊きをさせている、という噂が流布していた（『志方半兵衛言上書』）。だから松倉家中の武士たちは拉致された家族のために必死で戦うので討死が多い、とも噂されていた（同上）。キリシタンの一揆が掠奪し、女性を拉致したことは恐らく事実であろう。

力ある女性たちも一揆のメンバーとして戦っている一方、その一揆の一部隊が、攻め込んだ町の、逃げ遅れた女性たちを拉致していたこともまた、キリシタン一揆の無視できない一面だったと思われる。それは民衆が主体となった一揆などと同様、戦国の軍隊にも通じる性格のように思われる。

大門に攻め寄せた一揆は鉞《まさかり》で門を打ち破る。城方はその破れ目から鑓《やり》を突き出す。「山のように」戦死者が出た。城方から二人の戦死者を出す激戦が行われたが、一揆方は遂に門を破ることはできず在所に引上げた。しかしこの日一揆の別の部隊は鉄炮町に放火し、城方も応戦したため、城方にはさらに二人の戦死者が出た（『島原一乱家中前後日帳覚』）。

村々の動向

十月二十七日から二、三日の間、島原城は毎日毎晩のように三会《みえ》、千本木《せんぼんぎ》、中木場（いずれも現・島原市）などのキリシタンたちの攻撃にさらされた。二十七日に松倉家家老田中宗夫・岡本新兵衛・多賀主水《たがもんど》らは豊後《ぶんご》目付に事態を知らせる（『別当杢左衛門覚書』）とともに熊本の細川家や佐賀の鍋島家に「領内の百姓らがキリシタンに立ち帰り、一揆を起し、城下まで放火している。隣国の誼《よしみ》で加勢をお願いしたい」との書状を送っている（『新撰御家譜』『勝茂公譜考補《かつしげこうふこうほ》』）。

周知のように、この当時は「武家諸法度《ぶけしょはっと》」により、幕府の命令が出る以前には防禦《ぼうぎょ》に徹することが規定されており、直ちに加勢することは問題外であった。しかし熊本藩は、火事の様子と夥《おびただ》しい鉄砲の音とでいち早く変事を察知し、探索に家臣の道家七郎右衛門を島原へ派遣しており、松倉家中からの要請に対して二十八日、豊後目付の命令次第に加勢することを回答している（『新撰御家譜』）。

城へ押し込められた形の島原城方であったが、二十七日には北目《きため》地域の山田《やまだ》村・守《もり》山《やま》村（いずれも現・雲仙市吾妻町）、野井《のい》村・愛津《あいつ》村（いずれも現・雲仙市愛野町）四ヵ村の代官であった桂田長兵衛《かつらだちょうべえ》、新《あたらし》甚左衛門《じんざえもん》が、千々石《ちぢわ》村（現・雲仙市千々石町）が敵方についたことを知り、この四ヵ村の村民を率いて千々石村に攻め込み、放火した（『島原一乱家中前後日帳覚』『別当杢左衛門覚書』）。新甚左衛門が後に提出した記録によると、さらに甚左衛門は千々石、小浜の村民たちがキリシタンになったと聞いて、いろいろ「手遣《てづかい》」をして彼らのうち千四百九人を味方につけることに成功したという（『野村氏島原陣記録』）。

ここでも村々の自立的な行動がみられる。戦国の村はどの勢力と同盟するか、自らの判断で決定した。そして同盟した村々は武器と軍勢を有する有力な戦力となったから、戦国時代の合戦と同じく、大名にとっても、周辺の村々を味方につけるために工作することが重要な戦略であった。村側も情勢をみて味方する相手を変えるのは普通のことだった。

既に二十六日の晩に人数を率いて島原城にやってきた集団があった。城内では警戒を強めたが、彼らは湯江《ゆえ》村（現・島原市有明《ありあけ》町）、「多羅良」（多比良《たいら》）村（現・雲仙市国見町）の者たちであった。城方ではさっそく、庄屋と主だった村民を人質とした上で、村人を城の防衛の任務に配備した（『野村氏島原陣覚書』）。さらに茂木村、日見村の住民四十人、西古賀《にしこが》村（現・長崎市）の住民二十人が城方について籠城した（『勝茂公譜考補』）。

三会村はキリシタンになる者と、城方につく者とが分れた。この村はもともと城方であったが、どこからともなくやってきた十六、七歳の子供が奇妙な教えを説いたことに誑《たぶら》かされ、一旦一揆に味方したものの、この、煽動《せんどう》した子供を「成敗」（処刑）し、島原城へ改めて降参を申し入れたところを、鍋島家から派遣された亀川勝右衛門が目撃している（『諫早有馬記録』）。城方に味方すると称して一旦籠城した三会村の者六十人ほどが外部の一揆と内通し、キリシタンの白旗を立てたために討取られ、獄門にかけられたが、他の村民は城方として籠城したとも記録されている（『勝茂公譜考補』『別当杢左衛門覚書』）。

十月末までには、一揆は城下を引上げ、それぞれの在所に立て籠った。島原藩領の三分の二ほどを南目《みなんめ》というが、その南目の三会、島原、中木場、深江、布津、堂崎《どうざき》・有家《ありえ》（現・南島原市有家町）、有馬、口之津、加津佐、串山《くしやま》（現・雲仙市南串山町）、小浜、千々石の村々から一揆が蜂起して島原城に敵対し、このうち深江、堂崎、有家、有馬、加津佐、串山は全村キリシタンとなっていた（『御家中文通之内抜書』）。

これに対し三分の一ほどの北目の村々を中心に、安徳、東空閑《ひがしこが》・大野《おおの》・湯江（いずれも現・島原市有明町）、多比良・土黒《ひじくろ》（いずれも現・雲仙市国見町）、西郷《さいごう》・伊古《いこ》・伊福《いふく》（いずれも現・雲仙市瑞穂町）、三室《みむろ》（現・雲仙市吾妻町）など十三ヵ村の村々は城方であり（『野村氏島原陣覚書』）、特に代官の新甚左衛門らに率いられた山田、守山、野井（野江）、愛津の村民たちがその指揮のもとで警備にあたったのは既にみたところである。西古賀、日見、茂木等の村民も、前に触れたように島原城に籠城した。島原城下町の住民は城方であった（同上）。

まさに領内を二分する内乱が勃発《ぼっぱつ》したのであった。その原因は何であろうか。実は島原（有馬）地域ではこの前年から、キリシタンの信仰が急激に隆盛となっていたのである。そしてこの年、それまでは藩当局の統制と迫害ですっかり影をひそめていたキリシタンに「立ち帰る」人々が続出するという事態が生じていた。

終末予言の流布

キリシタンの「立ち帰り」

有馬村で三吉と角内が、天草大矢野に行って天草四郎から絵像を授けられ、これを持ち帰って村で布教の集会を行ったことは既に述べた。松倉家中の武士が、この二人を捕縛に行った時、既に三千人の男女がキリシタンとなり、二人の家には木戸口まで人々が膝《ひざ》をつき合わせて居並んでいたという（『佐野弥七左衛門覚書』）。

この類のことは有馬村で起ったただけではなく、実は島原藩領の中でかなり広く見出せる事件であった。口之津では十月中旬から男女が数多く往来するようになった。桂李之丞、桑野八兵衛が口之津の庄屋や主だった村民を呼び出し、「収穫の時期だというのに物見遊山のように、男女が夥しく往来するとはいったい何事であるか」と尋問したところ、庄屋らは「この一日二日に尊い神が天草の方からやってくる、との噂が拡がり、その神の御座所を訪ねようと、他の村の者たちは口之津にやってくるし、口之津の女性や子供たちは他の村へ出向いて行くのでございます。大方狐《きつね》にでも誑かされたのでございましょう。私どももこのような時期に迷惑に思い、随分と規制したので、今はこのあたりに寄り合う者どもはございません」と答えたという(『野村氏島原陣覚書』)。

また熊本藩に捕えられた大矢野村の庄屋渡辺小左衛門の供述によると、事の起りは日野江《ひのえ》(現・南島原市北有馬町)であったという。日野江に古い、裾《すそ》も破れたような「御影《みえい》」があり、これをみる者は表具を仕直したいと思いながらも果たせずにいたところ、二十日ほど前に誰も知らないうちに「御影」は俄《にわか》に表具し直され、新しくなっていた。これを聞いたあたりの者は驚き、表具の直った「御影」を拝んだ。このような不思議に人々が注目した機会を捉《とら》えて「べやど・がすぱる」という者が談義を行い、不思議な教えを説いたために、日野江の代官が「べやど・がすぱる」を逮捕した。これを怒った村民たちが蜂起したのだという(『新撰御家譜』)。

さらに三吉・角内が布教していた有馬では別の活動も行われていた。鍋島家から島原城へ派遣された亀川勝右衛門が、家老の取次を務めていた林小左衛門から聞いた話として、次のような経緯を十一月初めに藩へ報告している。有馬村にいた百姓の新兵衛という者が「南蛮の取出し」即ち「南蛮」(ポルトガルか)の出先のようなことを始め、様々なことを説いたために多くの男女がこれに帰依した。在所の乙名たちが代官に通報したため、新兵衛の一味十五人を捕縛し、島原へ連行したところ、その晩に有馬村の者たちが所々の寺院や神社を焼払ってキリシタンになった。周辺の八ヵ村の者たちも、彼らに一味し、寺院や神社を焼き、さらに彼らはキリシタンになろうとしない者たちの家に放火したという（『諫早有馬記録』）。

また城方となった人々が籠城している島原城で大量の「立ち帰り」キリシタンが摘発される事件も起っている。三会村のうちの佐野村の大庄屋源左衛門が、妻子と係累三十人を引き連れ、味方と称して島原城へ籠城していたところ、「門徒坊主」（真宗の僧侶を指すのであろうか）がこれを見つけて家老の岡本新兵衛に次のように告発した。「先日私の寺で檀家《だんか》の者たちが数百人押しかけてきて、我々は今日からキリシタンとなる。先年『転んだ』（棄教した）ことは取り消す、と宣言して行きました。その者たちの一部が大庄屋源左衛門の一党なのです」と。正体が露顕した源左衛門らは立ち向ったあげく皆殺しにされたという（『佐野弥七左衛門覚書』）。

キリシタンの「立ち帰り」とは、単に個人がキリシタンの信仰を回復することを決意するだけではなく、寺院の檀家から離れることを表立って宣言することだったと考えられる。だから周囲の多くの者たちが「立ち帰」る中で、人々は自分独りだけはキリシタンにならない、というわけにはいかなくなるだろう。十月末に島原から熊本藩領に逃げてきた村の住民が、周囲のキリシタンたちが蜂起する中で、どうしてもキリシタンにはなれないので「御国」（肥後国熊本藩）を頼って逃げてきたと証言していること（『御書奉書写言上扣《ひかえ》』）も、「立ち帰り」がどのような状況をもたらしたかを物語っている。

「善人」の出現

島原の各地でキリシタンへの「立ち帰り」が起っていることが分るが、これは単に自然発生的な出来事ではなく、有名な天草四郎を擁立した一党の活動が背景にあったと考えられる。天草四郎については第四章「一揆と城方との抗争」のところでまた触れたいが、ここでは一揆蜂起に関わる点に限って触れておきたい。一揆の副将格であった山田右衛門作《えもさく》（右衛門佐《うえもんのすけ》とも）が一揆鎮定後に行った供述である『山田右衛門作口書写《くちがきうつし》』によると、一揆の首謀者であった五人の牢人が、「天人」即ち全知全能の神から派遣された使者として天草四郎を擁立したことが一揆の始まりだという。

山田右衛門作は旧有馬家の家臣であり、絵師であった。原城籠城軍のものとされる著名な軍旗は彼の作品と推測する説もある。右衛門作は旧主有馬直純《なおずみ》（晴信の子）の働きかけによって幕府軍と内通したことが露顕して一揆に殺害されるはずのところ、原城を攻略した鎮圧軍のうち、豊前国《ぶぜんこ》小倉《くら》藩主小笠原忠真《おがさわらただざね》の部隊に捕縛され、命ながらえた。その供述書は、現代の我々に一揆の動向を探る手がかりを与える、最も有力な史料の一つとなっている。

その山田右衛門作の証言によると、天草大矢野の千束島《せんぞくじま》（千束蔵々島《せんぞくぞうぞうじま》（維和島《いわじま》））に数年「山居」していた松右衛門、善左衛門、源右衛門、宗意、山善左衛門の五人の牢人たちは二十六年前に追放された「伴天連《バテレン》」（宣教師）が書き遺していた予言を知っていた。その予言には「今から二十六年後に、必ず『善人』が一人出現する。その『幼い』子は習わないのに文字に精通した者である。その出現の印が天にも現れるであろう。その時は木に饅頭《まんじゆう》が生《な》り、野山に白旗が立ち、人々の頭に十字架が立つはずである。東の空も西の空も必ず雲が焼けるだろう。そればかりか人々の住処《すみか》が焼け果ててしまい、野も山も草も木も皆焼けてしまうだろう」というものであった。

松右衛門ら五人は当時天草にいた「大矢野四郎」が、この予言に引き合わせてみると、まさに予言に記された「善人」に間違いないとし、彼を「天の使」としてその存在を宣伝して人々に尊《とうと》ばせたという。予言の内容は分りにくい点が多いが、要点をいえば、宣教師の追放された年から二十六年後、即ち寛永十四年（一六三七）に「幼い」「善人」「天の使」が出現すること、それを証明するような徴候が「天の印」として出現する、ということである。

「習わないのに文字に精通」するという利発さで人々を驚かせたという益田四郎、小西行長に仕えていたと伝えられる牢人益田甚兵衛好次《よしつぐ》の子四郎時貞《ときさだ》（洗礼名はジェロニモとも、後述のようにフランシスコとも伝える）が「善人」とされたのである。この頃大矢野村の益田四郎という十六歳の者が評判になったとの証言がある。彼は稽古《けいこ》なしに読書をし、諸経の講釈も行い、やがてキリシタンの世になると説法し、その証拠をみせようといって、空を飛ぶ鳩《はと》を手の上に招き寄せ、そこで卵を産ませた上、卵を割ってキリシタンの経文《きようもん》を出してみせたという（『別当杢左衛門覚書』）。また雀《すずめ》の留まった竹を、雀が留まったままで折ったり、天草と有馬の間の湯島《ゆしま》（現・上天草市）という島まで海上を歩いてみせたという（同上）。湯島は、この四郎の奇蹟《きせき》を聞き、内心キリシタンに帰依した者たちが集まり、勧化《かんげ》を受けたため、後に談合島《だんごうじま》と呼ばれるようになった（同上）。一揆の人々が天草四郎を不死身であると信じていたとの証言もあり、この世ならぬカリスマとしてキリシタンから崇《あが》められていたと考えられる。

またこの年の十一月頃、京都で夕日が殊のほか赤いので内裏で修法が行われた。内裏のことを記した『大内日記《おおうち》』には十一月十七日条に「キリシタンが蜂起したためであろうか、十日頃から朝日も夕日も殊のほか赤い」と記されており、日の出、日の入りが異常に赤くみえたことが京都では報告されている。東西に「雲の焼け」があるという予言通りのことが島原・天草地方でみられたかどうかは分らないが、京都での報告はキリシタンの行動を考える上で手がかりを提供しているように思われる。

終末の予言

以上述べてきたように、天草四郎というカリスマが登場し、宣教師の予言通り何かとんでもないことが起るという予感の中で、キリスト教特有の終末予言が流布されたことが、「寿庵廻文《じゅあんかいぶん》」の名で知られた、村々に一揆蜂起を訴える檄文《げきぶん》から知られる。『岡山藩聞書』や『耶蘇天誅記《てんちゅうき》』に収められたものであるが、蜂起の呼びかけとして大変重要なものなので引用してみたい。

態《わざ》と（特に）申し遣わし候。天人天下りなされ、ぜんちよ（異教徒）の分は、でうす様（全能の神）より火のぜいしよ（審判）なされ候間、いずれの者なりとも、キリシタンになり候わば、ここもとへ早々お越しあるべく候。村々庄屋・乙名、早々お越しあるべく候。島中へこの状御廻しなさるべく候。ぜんちよの坊主なりとも、キリシタンになり申さば御許しなさるべく候。天草四郎様と申すは天人にて御座候。我等の儀、召し出され候者にて候。キリシタンになり申さぬ者は、日本国中の者ども、でうす様より左の御足にていんへるの（地獄）へ、御踏みこみなされ候間、その御心得あるべく候。

十月十三日　加津佐　じゆわん

なお〳〵、早々此方へ参らるべく候。そのため申し入れ候。以上。

この檄文は「天人」と呼ばれる神の使者が地上に下ったこと、全能の神デウスによる審判（恐らく最後の審判を指すと思われる）が行われることを伝え、キリシタンとなって「天人」「天草四郎」に従うことを迫っている。たとえ異教徒の僧侶であっても、キリシタンに改宗すれば、デウスの審判を免れるが、キリシタンに改宗しない者はデウスの手で地獄に堕《お》とされることを勧告している。これは中世のヨーロッパや、後にヨーロッパ人の手でキリスト教が伝えられ、キリスト教の影響の色濃い地域で起った千年王国運動と呼ばれる宗教運動の中で行われた、終末を告げる予言とよく似た内容をもっている。

この檄文の発信地は加津佐であり、「天人」「天草四郎」に「召し出され」た者、即ち天草四郎の側近が発したものであろうと思われるが、これがどういう村に伝えられ、どの程度流布したものか、というようなことはいっさい分っていない。しかし乱が勃発するとすぐ島原城に派遣された熊本藩士道家七郎右衛門が送った報告書によると、一揆は「現在の事態は人間の力で現出できるようなことではないし、まして日本人のこれまで知っているような事態ではない。やがて天から火が降ってきて、総《すべ》てを焼払ってしまう」だろうと主張していたという。

島原城方では、こうした一揆方の宣伝に城内に立て籠っている民衆すら、納得したようにみえたので、城に入った者の中に放火を企んでいる者がいると判断し、「下々の」籠城者を査問し、怪しい者は処刑したと七郎右衛門は報告している（『新撰御家譜』）。しかし「やがて天から火が降ってきて、総てを焼払」うとの言い分は、寿庵廻文の「火のぜいしよ」が行われるとの言い分と一致しているとみてよいだろう。

この証言をみる限り寿庵廻文にみられる色濃い終末観念は、一揆に共有されていたとみるべきもののように思われる。熊本藩からの尋問に答えて天草赤崎《あかさき》村（現・天草市有明町）の庄屋森七右衛門は「今度キリシタンを布教した者は、肥後国宇土《うと》郡の江部《え べ》（現・宇土市）というところに、長崎からやってきた牢人甚兵衛という者の子で、年十五になる四郎という者です。彼が有馬まで出向いて行き、また天草の大矢野、上津浦《こう つ うら》（現・天草市有明町）まで教えを弘《ひろ》めたことに間違いありません」との供述をしている（『御家中文通之内抜書』）。天草四郎一党の煽動が、大量のキリシタンへの「立ち帰り」に大きな影響力をもったとみてよいように思われる。

飢饉と重税

一方、本書の冒頭で既に述べたように、従来の研究ではキリシタンの隆盛と一揆蜂起の最大の原因は、島原・天草地方が当時見舞われていた深刻な飢饉と、それを顧慮せずに、島原・唐津両藩で領民に重税を課したことであるとみられてきた。寛永十四年（一六三七）が飢饉だったのは事実である。肥後国では大飢饉で人々は山野に自生する草木の根や葉を食料にしたという（『相良《さがら》家年代記』）。熊本藩主細川忠利《ただとし》はこの年正月に「国々は困窮し、耕作も収穫のない厳しい状況なので、人々はことごとく本国を離れ、日用《ひよう》稼ぎ（一日のみの臨時雇い）に出向いているので、田畑は荒れはててしまった」と述べている（『綿考輯録《めんこうしゆうろく》』）。オランダ商館長として平戸《ひらど》にいたニコラス・クーケバッケルは、松倉勝家が「領民には取れる限りの税を課し、彼等は殆《ほとん》ど餓死寸前で、僅《わず》かに木の根、草の根で命を保っていた」と日記に記している。「木の根、草の根」で露命をつなぐという惨憺《さんたん》たる状況であった。

加えてクーケバッケルが述べているように、重税が課せられたことも事実と考えられる。この年松倉家では未納の年貢を厳しく取り立てるために川の中に「水籠」という物を作り、年貢を納めない百姓の母親や妻子を捕えてこの「水籠」に入れて拷問し、年貢を督促したという。こうした苛政《かせい》により、口之津村の「大百姓」与三左衛門の未進米三十俵を取り立てるために妊娠中だった与三左衛門の嫁が「水籠」に入れられて責められたため、嫁は死んでしまったという。怒った与三左衛門は恨みを晴らすために七十〜八十人の「頭百姓」と語らい、天草領にいた嫁の実父など親類らを加え七百〜八百人が同心した。天草でも年貢の取立ては厳しく、天草領の百姓たちが加わり、さらに百姓の中にキリシタンが多かったため、残らずキリシタンとなって蜂起したという（『黒田長興《ながおき》一世之記』）。

同様の話を乱が起って間もない十一月六日、熊本藩士佐方少左衛門《さかたしょうざえもん》が、塩売り商人である「浦の孫助」という者の話として国家老に報告している。それによると「島原領は七年越の年貢未進の催促を行い、また上方へ運送する船が破損したため、損失となった三百石の分をも領民の負担として督促して、女子を水責めにしたから一揆を起したのだとも、またキリシタンのことについて一揆を起したのだともいわれている」ということであった（『御家中文通之内抜書』）。また後に一揆が原城に籠城した時、一揆は包囲軍のうち、松倉勝家が担当している寄せ口の塀にやってきて「以前は年貢を納めよと、『水籠』に入れて責め苛《さいな》みなさったではないか。その時のように攻めて来られよ。少しは目に物を御見せいたそう。今度は攻めて来られないとは卑怯《ひきょう》ではないか」と罵《ののし》ったという（『志方半兵衛言上書』）。島原藩で「水籠」に乙名百姓の親族を入れるような、非道な年貢催促が行われたことは事実であると考えられる。

また鍋島家の国家老多久茂辰《たくしげとき》が江戸へ送った報告によると、この地域はこの三年不作であったため、年貢の未納が巨額に上ったにもかかわらず、年貢催促が厳しかったことが事の発端であるという。苛政の現状を訴えるために「一旦キリシタンになり、『公儀』（将軍）からの検使を迎えて現状を訴えるために蜂起した」との噂を茂辰は報告している（『勝茂公譜考補』）。後にみるようにこの見方は事実ではないが、この地域を襲った不作と厳しい年貢督促を指摘している点が注目される。この二つの点に限っては恐らく事実といえよう。

訴訟のための蜂起

さらにこの報告の興味深い点は、キリシタンの蜂起を幕府との全面的対立とはみておらず、むしろ幕府の役人に現状を訴えるための手段と考えている点である。武装蜂起と幕府への訴訟という二つのものを、我々現代人は全く異質のものとみる。武装蜂起するからには、幕府や藩という行政府の存在を否定する全面対立を意図しているはずであり、幕府へ訴訟するつもりがあれば、武装蜂起という非常手段には訴えないはずだと考えるからである。だが、戦国の気風が色濃く残るこの当時は、全く違った考え方があった。武装蜂起は幕府など行政権者への訴訟を行う手段としても行われるという観念である。言い換えれば、武装蜂起と訴訟とは異質のものではなく、同じ目的を達成するための、異なる手段に過ぎないと考えられていたのである。

こうした視点は、島原の乱全体を考える上でも重要な視点といえよう。従来この乱が、幕府や藩に対する非妥協的な抵抗運動、ないしは現実の利害を度外視した殉教と見なされてきたことの最大の要因が武装蜂起という行動形態にあるからである。江戸時代三百年の平和を前提としてきた現代人には、武装蜂起という行動形態は最高度の非常手段にみえる。だからこそ島原の乱が異彩を放つのである。

だが一方、これまでも述べてきたように、この時代は戦国の気風の色濃く残存する時代であった。そして戦国時代には、大名・領主への要求が武装蜂起の手段をとることは珍しいことでもなんでもなかった。十五世紀から十六世紀に京都で幕府の徳政令《とくせいれい》を要求する土一揆《つちいっき》が頻繁に「武装蜂起」したことを想起するだけでも容易に理解できよう。桜井英治氏、清水克行氏によれば、室町時代には幕府の将軍に訴訟するために、諸大名が軍勢を動員して将軍の御所を包囲する「御所巻《ごしょまき》」という実力行使すら行われていたという。戦国時代にあって武装蜂起と訴訟とは異質で断絶した行為ではなく、同質の側面をもつ行為であった。

島原の乱の武装蜂起という側面に注目し、現代人の観念をそのまま適用して考えるならば、実態とはかけ離れた理解に至るだろう。武装蜂起を直ちに反体制的行動とみて、支配者との非妥協的対立のみを重視するのではなく、個々の行動を当時の人々の目線を手がかりに考えていく必要がある。こうした意味で、きわめて特異にみえる島原の乱の諸特徴については、次の章でまた詳しく考えることにして、ここでは、島原地域での蜂起のわずか二日後に起った天草地域での蜂起について、まずみておくことにしたい。

天草地域での蜂起

大矢野の蜂起

天草で一揆蜂起が起ったのは十月二十七日のことであった。その経緯についてまずは、恐らく天草における一揆蜂起の中心となったと思われる大矢野村の庄屋渡辺小左衛門の証言からみていこう。小左衛門は天草四郎の姻戚《いんせき》であり、小左衛門の弟の嫁は天草四郎の姉であった。熊本領江部にいた四郎の親族を、熊本藩に捕えられる前に天草へ連れ戻そうと熊本領郡浦《こおのうら》（現・宇城市）に潜入したところを、郡浦の庄屋に捕縛され、熊本藩に引き渡されたのであり、熊本藩の尋問に対しての供述書が伝えられている。

十一月一日の供述書によると、まず島原地域の日野江で古い裾の破れた御影の表具がひとりでに仕直されたという、前述の不思議な出来事を聞いて、大矢野のうちの湯島の者六人が島原へ船で行ったところ、三人が殺され、三人が湯島に戻ってきたという。湯島は、前述のように、大矢野と有馬との中間にある島で、島原の乱の折、天草と島原のキリシタンとが談合した場所として、後世になって談合島と呼ばれるようになった島である（三六ページ参照）。その後小左衛門が大矢野の住民四十～五十人を連れて栖本《すもと》（現・天草市栖本町）にいた代官の石原太郎左衛門のところへ行き、「島原で不思議なことが起ったから我々は残らずキリシタンに立ち帰る」と宣言したことから一揆が起ったという（『新撰御家譜』）。

富岡城代三宅重利も熊本藩からの問い合わせに対して、十月二十九日に、去る二十七日から大矢野および二、三ヵ所の小村でキリシタンへの「立ち帰り」があったと聞いていると述べており、二十七日に大矢野でキリシタンが蜂起したことは確かであろう。また十月三十日には、宇土郡のうち大矢野に近いところに住んでいる熊本藩士河喜多九太夫が、大矢野島のキリシタンが一揆を起し寺社にことごとく放火したことを注進し、「このように天下に対し不心得を行う者は放置しておくべきではないから、一揆勢に弾みがつかないうちに即座に鎮圧すべきであり、そのため鉄砲衆百人を派遣し、キリシタン討伐を命じられたい」と国家老へ申し出ている(『御家中文通之内抜書』)。大矢野には天草四郎がいたことも考えると、島原地域のキリシタンの行動に連動して、天草でも大矢野を中心にキリシタンが一揆蜂起したという小左衛門の供述は、恐らく間違いないだろう。

改宗の強制

また十一月二日に熊本藩士佐方少左衛門は、天草の情報を聞いた二人の町人から聞いた話を国家老に報告している。この話は二人の町人が薩摩《さつま》国の「いの口」というところで偶然に道連れとなった天草の「とき」という在所の庄屋七右衛門の子平三郎から聞いたものである。「いの口」にいた平三郎のところに七右衛門から使いが来てすぐに帰れという。天草のうち大矢野村、上津浦村でキリシタンが蜂起し、栖本にいた代官の石原太郎左衛門のもとへ押寄せて、キリシタンへ改宗することを迫った。太郎左衛門はその時、「志岐の（富岡城代）三宅藤兵衛重利殿と談合した上、キリシタンになるかならないかを決めるから、しばし待つように」と答えたので、キリシタンたちはひとまず帰ったが、このように容易ならない事態になっているから、直ちに帰るように、との趣旨を使いが平三郎に伝えたという（『御家中文通之内抜書』）。

これもまた大矢野と上津浦の百姓がキリシタンに立ち帰ったという情報であり、しかもキリシタンたちが代官の石原太郎左衛門のところに出向いた点は渡辺小左衛門の供述と符合している。代官石原太郎左衛門の前でキリシタンたちが「立ち帰り」を宣言したことは恐らく確かであろう。そしてその際、太郎左衛門にも改宗を迫ったことも何ら不自然な点はない。というのは、大矢野のキリシタンがこの頃周囲の村民に改宗を迫っていることが知られるからである。

熊本領三角《みすみ》（現・宇城市）に、天草の岩屋泊《いわやどまり》（現・上天草市大矢野町登立）という村から七十三人もの男女が十月三十日にやってきた。彼らの中には岩屋泊の庄屋菟右衛門もおり、彼の言い分によれば、住民たちは真宗門徒であったが、大矢野の百姓らは皆キリシタンであり、岩屋泊の百姓たちもキリシタンになれと強制したが、改宗を承知しなかったところ大矢野から「打ち果す」即ち皆殺しにすると言われたため、熊本藩を頼ってやってきたという。彼らがやってきた当日に報告した島又左衛門によれば、彼らの言い分が事実かどうか、同じ日にやってきた寺沢家中の嶺久左衛門に尋ねたところ、彼らが真宗門徒であることは間違いないとのことであった（同上）。

蜂起した大矢野のキリシタンが周囲の者たちに対して改宗を迫ったことは恐らく事実であろう。それが藩の代官に対しても同様に、しかも禁制の対象であったキリシタンへの改宗を迫るという点に、この蜂起の特異性がみられるように思われる。少なくとも年貢の減免などの現実的目標を掲げた行動ではないし、現実の力関係と利害を考慮した行動とは思われない。むしろキリスト教という、信仰の問題を前面に押し出した行動とみる方が自然であろう。

先ほどみた十一月一日の渡辺小左衛門の供述によれば、大矢野の浄土寺が焼けたがこれは百姓たちが焼いたのではなく、明け方に仏壇から独りでに火が出たのであり、上津浦、下津浦《しもつうら》、須子《すじ》、赤崎（いずれも現・天草市有明町）の寺や宮は皆「自焼き」した、即ち寺の住持や宮の神官が自ら焼いたという。しかし先ほどみた河喜多九太夫の報告書をみれば、この供述は俄には信じ難い。島原でのキリシタンの行動を合わせて考えれば、キリシタンたちは寺院、神社を攻撃の標的にしていたと考えられる。この点もこの蜂起が信仰の問題を前面に出したものであることを窺わせるものといえよう。これら信仰との関わりは次章の「宗教一揆の実像」で扱うことにして、ここではひとまず天草での蜂起に戻りたい。

一揆討伐軍の派遣

蜂起から二日後の十月二十九日、富岡城代三宅重利は、本渡に軍勢を派遣し、十一月一日には自ら本渡に赴いている。既に島原で一揆が蜂起した頃に、重利は天草四十八ヵ村のうち、十四ヵ村の「頭百姓」即ち主だった住民から人質を取って蜂起の波及を抑えようとしていた、と府内《ふない》藩士蜂屋《はちや》一郎兵衛は報告している（『島原覚書』）。しかし大矢野、上津浦では蜂起がみられた。重利は自ら本渡に赴くとともにこの日熊本藩に「唐津は距離が遠いので」加勢を要請している（『新撰御家譜』）。加勢を要請した書状によると大矢野の百姓四百、上津浦の百姓三百、その他小村四、五ヵ所で二百がキリシタンに「立ち帰」っているとのことであった。

翌日飛脚の手でこの書状は熊本藩の国家老に届けられたが、その飛脚が述べたところでは、三宅重利は既に本渡へ出張し、元キリシタンで「立ち帰」った者十一人を討取ったとのことであった。また前日に天草の下津浦庄屋の九兵衛が二十人ほどの人数を率いて栖本へ行き、放火しようとしたところ、在所の者が迎え撃ち、人数は逃げ散って九兵衛のみが討取られたという。九兵衛もまた元キリシタンで「立ち帰」ったものであったという（『御書奉書写言上扣』）。

久留米《くるめ》の洗切町《あらいきりまち》（現・福岡県久留米市）住人与四右衛門の証言によると、本渡に出張した三宅重利は、そこでキリシタンの指導者とみられた女子一人を簀巻《すま》きにしたという。それを知った男女が見物に集まったがその中に「キリシタンの唱え言」をした夫婦がおり、重利は直ちに処刑した。その他男子三人のある者は処刑し、ある者は簀巻きにした。最初に簀巻きにされた女子は土に埋められ六日後に死んだ。こうして都合六名のキリシタンを殺害し、三宅重利は富岡に帰ったという（『島原日記』）。

この後も蜂起したキリシタン一揆はそれぞれの属する村を拠点に立て籠った。十一月初旬に熊本藩が把握したところでは、天草でキリシタンに立ち帰った村々は、下津浦、上津浦、赤崎、須子、大浦《おおうら》（いずれも現・天草市有明町）、今泉《いまいずみ》、合津《あいつ》、阿村《あむら》、内野河内《うちのかわち》、大矢野（いずれも現・上天草市）の各村である。このうち内野河内、今泉は半分がキリシタンになり、あとの半分はキリシタンではなかった（『御家中文通之内抜書』）。一旦は本渡まで出張したものの、蜂起した村々を鎮圧するには、いかにも人数が少ないため、三宅重利らは出撃しかねており、唐津藩の軍勢が到着し、本渡で交戦が行われる十一月中旬まで、両者は対峙することになった。

第二章　宗教一揆の実像

　従来の研究で蜂起の背景として考えられてきたのは、寛永十四年（一六三七）が飢饉であったことと、にもかかわらず島原領の松倉氏も天草領の寺沢氏も領民に重税を課したために、一揆が蜂起したということである。第一章「立ち帰るキリシタン」でみたように、当時が飢饉であり、しかも領民に重税が課せられたのは事実であった。ところで実際に一揆が行ったことはキリシタンへの「立ち帰り」である。この両者はどのように関係しているのだろうか。

　本書冒頭の「民衆を動かす宗教――序にかえて」で述べたように、この点は従来の研究ではあまり十分に説明されてきたとはいえない。たとえ表面に出てくる行動はキリシタンへの「立ち帰り」であろうと、彼らを根底で突き動かしていたのは、重税への抗議であると見なされていたからである。信仰という得体の知れないものよりも、飢饉や領主の苛政という具体的な眼にみえる事実に原因を求める方がはるかに合理的であると考えられてきた。

しかし、蜂起したキリシタンたちの行動は、単に領主の重税への抗議であるとみるにはあまりにも特異な面が多すぎるように思われる。キリシタンたちの行動をどうみるかについては、改めて検討が必要であろう。ここではそれについて考えたい。

農民一揆か宗教一揆か

寺社と「異教徒」への攻撃

島原・天草におけるキリシタンの蜂起をみる時、何といっても注目されるのは、彼らが寺社を攻撃し、キリシタンではない「異教徒」の周囲の住民をも攻撃の対象としていることである。蜂起のきっかけとなった島原藩代官林兵左衛門の殺害が行われた時、有馬村のキリシタンたちは村々へ触状を発し、藩の代官に加えて僧侶、社人を殺害せよと訴え、呼応した村々も代官をはじめ僧侶、社人を殺害したこと、さらに城下に侵入した一揆は江東寺、桜井寺に放火していることは既にみたところである。有馬村の住民が蜂起した時、所々の寺院や神社を焼払ってキリシタンとなり、さらに周囲の八ヵ村の住民も同様に寺院や神社を焼払ったことも同様の例としてあげられよう。

また、島原城を守っていた白石市郎右衛門という者が次のように証言している。島原の水頭《みずがしら》（現・島原市）にあった寺で火事があったというので、城から侍たちが駆けつけてみたところ、別段火事になったのではなく、一揆が住持の首を切って、竹を三本組んだものの上に載せ、それを指物《さしもの》にして百人ほどで出撃したところだった。一揆は町に放火し、さらに駆けつけた侍のうち三人の首も切り、同様に指物にして城の大手口へ押寄せたという（『松竹吉右衛門筆記』）。寺院や僧侶が攻撃の対象になっていることが分る。天草大矢野の一揆も寺社に放火したことは既にみたところであり、一揆の主な攻撃対象が寺院や神社という宗教施設と僧侶、神官という宗教人であったことは間違いないところであろう。

江東寺門前　島原へ来襲したキリシタン一揆により放火されたという。著者撮影

寺社、僧侶、神官だけではない。キリシタンになろうとしない「異教徒」もまた一揆の標的となった。熊本藩士松崎助右衛門の十一月十七日の報告書には、キリシタンになりた

くない者たちが、天草の浦々から逃げ出そうとしたところを、一揆が捕縛しようとしたことが記されている。これは天草から津奈木《つなぎ》（現・熊本県葦北《あしきた》郡津奈木町）へ逃げてきた五人の落人《おちゅうど》の証言として記されたものであるが（『御家中文通之内抜書』）、他でも同様の行為がみられる。島原の有馬村で蜂起したキリシタンたちはキリシタンにならない者の家に放火したことが、先にみた佐賀藩士亀川勝右衛門の証言から知られる（『諫早有馬記録』）。

信仰の強制

「異教徒」への攻撃とともにキリシタンの一揆は住民たちに信仰を強制した。だから第一章でみたように、熊本領へと天草の真宗門徒が逃亡・避難するという事態になった（四七～四八ページ参照）のである。天草御領《ごりょう》村（現・天草市五和《いつわ》町）の住民たちはキリシタンではなかったため、村は一揆により放火された。住民は村から逃げ出し船で海上に避難したところ、一揆は「キリシタンになるならば仲間に入れてやろう。しかしキリシタンにならないのなら皆殺しにする」と迫ったので、住民たちは否応なくキリシタンになった、とは熊本藩士井口少左衛門が十一月十七日に提出した報告書にみえる、御領村の内蔵丞《くらのじょう》という住民の証言である（『御書奉書写言上扣』）。

十月十三日に天草に商売に出向いた八代町《やつしろ》（現・八代市）の五郎兵衛ら三人は、滞在中に一揆蜂起に遭い、一揆に捕えられた。一揆は彼らをキリシタンにして様々な指示をしたので、仕方なく滞在し、今日十月三十日になって八代に逃げ帰ってきた、と熊本藩士らに供述している（『御家中文通之内抜書』）。十一月末に熊本領戸馳島《とばせじま》の塩屋《しおや》村（現・宇城市）に、天草大矢野の千束島から船で十八人の男女が逃げてきた。彼らはもともと一向宗であったのに、大矢野の者たちがキリシタンにならなければ殺害すると脅したので仕方なくキリシタンになったと述べた上、その時与えられたものであるとして、キリシタンの「いませ」（画像）を藩の役人にみせたという（同上）。

首無地蔵　島原の乱の際、キリシタンにより首をもがれたと伝えられる。本光寺境内。著者撮影

また後に一揆が原城に籠城してからも、投降する落人の中には、キリシタンにならなければ殺されるから仕方なくキリシタンになっ

た、と供述した者もいる。投降者の言い分を直ちに事実と見なすわけにはいかないが、山田右衛門作の供述に、島原の所々の代官、「他宗の出家」やキリシタンにならない者は残らず切殺したとあるところをみると、「異教徒」の殺害や信仰の強制が行われたことは事実と判断して差し支《つか》えないと考えられる。

寺社を破壊し、僧侶、神官に殺害を含めた攻撃を行い、住民にキリシタン信仰を強制して、同意しない場合は殺害も辞さないという一揆の行動から、彼らが敵味方の判別において重視するのは、何よりも相手がキリシタンであるかないかであることが窺える。第一章でみた、天草大矢野の一揆が藩の代官石原太郎左衛門にキリシタンに改宗するよう勧告したこと（四六〜四七ページ参照）を想起していただきたい。もし藩士たちのなかに、キリシタンに「立ち帰る」者がいたならば、一揆は共に戦った可能性さえ想定できる。事実、一揆の中心人物たちの一員であった松島半之丞、上山源太夫は松倉家の家臣だった（『大河内家記録』『新撰御家譜』）。言い換えれば彼らに蜂起を促した動機がきわめて宗教色の強いものであったといえよう。

「デウス」の御代

乱が始まったばかりの頃、熊本藩の細川立允《りゅういん》は富岡城代三宅藤兵衛重利のもとに状況を聞くために飛脚二人を派遣した。飛脚は悪天候のため、直接志岐に船をつけることができず、須子村に船をつけ、上陸したところで須子村住民五十人ばかりが十字架を先に立てて武装してやってきて飛脚に鉄砲を突きつけた。

その中に飛脚たちの顔見知りが一人いたので、彼らは八代から藤兵衛殿のところへ使者に行くので通してほしい、と要求したところ「藤兵衛殿が統治していたのは昔のことだ。今はデウスの御代になったのだから通すわけにはいかない。だいたい島原の状況を知らないのか、仮にここを通ったにしろ、次の村々はとても通れまい。生きて帰れるのが幸せと思ってさっさと戻れ」といったという（『御家中文通之内抜書』）。

天草地域の一揆の村々では城代三宅重利の支配が終わり、キリスト教の神「デウス」が支配するようになったと考えられていたことが窺える。島原地域では有馬村の住民が林兵左衛門を殺害して蜂起した際、佐志木作右衛門、山善左衛門二人の名前で「有馬村の代官林兵左衛門はデウス様へ敵対したのでここで処刑した。かねての『天人』の仰せの通り、村々の代官始め、異教徒は一人残らず討ち取っていただきたい。今こそ日本国中に審判が下される時である」との廻文をまわしたという（『耶蘇天誅記』）。一揆の標的が「デウス様へ敵対」する者であったことを窺わせる。

そもそも一揆の指導者たちが、当時の日本が代替りの時期にあったと認識していた、と幕府鎮圧軍の総大将となった老中松平信綱《のぶつな》の子輝綱《てるつな》は、山田右衛門作の証言として記している（『大河内家記録』）。当時将軍徳川家光《いえみつ》が死去したとの噂が人々の間に流れていた。改宗させられた元キリシタンたちは「我々が最も優れたキリシタンの教えに背いて仏教徒になったのは、したくてしたことではない。ただ幕府の禁令が厳しかったからだ。今は将軍が死んで、次の将軍さえ決まっていない。統治者がいないのだから、キリシタンの教えを禁ずる者もいないことになる」と述べて家中や領民に苛斂誅求《かれんちゅうきゅう》を行う松倉勝家に対して蜂起するよう主張したという。

室町時代以来、借金を棒引きにする徳政令を求めた土一揆は、しばしば支配者の交代する代替りの時期であると主張して蜂起した。代替りの時期であるという認識は蜂起に正当性を付与する有力な根拠の一つとなってきたのである。家光の死去という噂が事実とはかけ離れているのはもちろんであるが、噂によって代替りによる政治一新の時代が来たという認識が流布していったことは十分想像できるだろう。

戦国大名の領国では大名の代替りを根拠として「徳政」と呼ばれる、年貢減免や債権の破棄などを内容とする撫民《ぶみん》の諸政策が行われたことが知られている。重税についてもキリシタン禁制についても、然《しか》るべき撫民政策が行われるはずだという観念が醸成されたことは想像に難くない。時代が変わって「デウスの御代」になったという主張は、代替りの観念のキリシタン版ともみることができる。そればかりでなく、視野を世界に拡げた場合、このような「デウスの御代」の主張は、後でみるように中世以来ヨーロッパをはじめとするキリスト教の宗教運動にはよく登場する論理だったのである。

不死身の確信

迫害の時代に棄教した人々が、再び「立ち帰る」ことで、キリシタンたちは不死身になったと信じていたとの証言がある。天草地域で蜂起が起る直前の十月二十一日に天草の教良木《きようらぎ》（現・上天草市）・栖本へ馬を買いに出向き、十一月五日に熊本領三角へ戻った平作・十兵衛という二人の博労《ばくろう》が熊本藩の役人に供述したところによれば、天草で出会ったキリシタンたちは、死ぬことを少しも恐れていない様子であり、たとえ死ぬようなことがあってもおっつけ生き返ると言っていたという（『御家中文通之内抜書』）。

同じ博労の供述した話として、次のようなものもある。十一月一日に上津浦から牟《む》田《た》村（現・上天草市）へ行くと称して栖本を通り抜けようとした者がおり、栖本の庄屋が何故牟田へ行くのか尋問したところ、キリシタンの布教に行くのだとのことであった。庄屋はそのような事情であれば、お前を射ち殺すぞと警告したところ、相手のキリシタンは「撃てるものなら撃ってみろ。私の体には鉄砲も矢も当たらないのだ」と言い放った。庄屋はそのまま相手を鉄砲で射殺したという（同上）。

同じような話は山田右衛門作の供述にもみられる。一揆が原城に籠城してからの話であるが、幕府軍の撃った「石火矢《いしびや》」（鉄砲）の弾が天草四郎の左袖《ひだりそで》を撃ち抜いて、その弾によって側にいた男女五、六人が撃ち殺されたことがあった。これをみていた城内の者たちは衝撃を受け、「四郎様さえ鉄砲の弾丸に当たることがあり、その側にいたというのに、多くの者が死んでしまったというのは、何とも不吉で、勇気をなくさせる出来事だ」と自信喪失に陥ったという。キリシタンたちが、天草四郎に従う者は不死身であると考えていたことを垣間見させる逸話である。

その上、一揆蜂起したキリシタンが独特の死生観をもっていたことを想定させるような事件も起っている。唐津藩領深江村の庄屋が、筑前《ちくぜん》国前原《まえばる》村（現・福岡県糸島市）庄屋へ天草一揆が蜂起してすぐに手紙で状況を知らせている。それによると天草のキリシタン一揆は蜂起するに際し、十五歳以下の子供は総て親が手にかけてから蜂起したという（『島原日記』）。決死の覚悟の表明としても異様であり、さきほどの「たとえ死ぬようなことがあってもおっつけ生き返る」と思っているとの証言が想起される。原城籠城の際にも家族を手にかけてから籠城した一揆衆もおり、一種独特の死生観の存在を窺わせる。

千年王国の信仰

ところで信者は不死身であるという信念は実のところ、世界各地にみられた、千年王国運動という、強い終末観に促された宗教運動にみられる。一五二四〜二五年に起った著名なドイツ農民戦争の中で、チューリンゲン地方の農民一揆において中心的役割を果たしたトマス・ミュンツァーもこの信念をもっていたという。一五二五年四月、ミュールハウゼンの教会を拠点に蜂起したミュンツァーに対し、選挙侯ヨハンの要請により五月、ヘッセのフィリップ伯爵は鎮圧のために出撃した。農民軍の要請に応え出撃したミュンツァーは、フィリップや他の諸侯が加わった鎮圧軍に対する徹底抗戦を主張した。ミュンツァーは、自分には神のお告げがあり勝利の約束を得ているから、敵の大砲の弾丸など外套《がいとう》のたもとで受け止めてみせる、神は自分の民を滅ぼすくらいなら天地を一変させてしまうと断言したという（N・コーン『千年王国の追求』）。結局のところ農民軍は、火器に圧倒的に勝る鎮圧軍の餌食《えじき》となった。

同様の事例は一五三四年から翌年にかけてミュンスター市を占拠した再洗礼派にも

みられる。司教侯や騎士たちがいない間に市を掌握した再洗礼派は市民に洗礼を暴力的に強制し、拒む者は追放した。さらにミュンスターの司教の殺害を企て、最高指導者たちは女性を一人選んで司教に接触させ、機会をみて毒殺、あるいは情事中に殺す計画を立てた。陰謀は露顕してこの女性は処刑されたが、彼女は、自分はたいそう聖《きよ》らかであり、死刑執行人は処刑しようとしても、力が抜けてできないだろうと信じていたという（グレシュベック『千年王国の惨劇』）。

ヨーロッパだけではない。十九世紀後半に白人の侵入により、バッファローが急激に減少するなど自然環境の変化により、生活環境が破壊され、社会組織までも破壊されるという危機に瀕《ひん》した北米大陸のネイティヴ・アメリカンたちの間に広まったゴースト・ダンスと呼ばれる宗教運動にもこうした要素がみられる。ゴースト・ダンスは一八九〇年に起ったスー族の反乱とも密接に関わる運動であるが、その中で「ゴースト・シャツ」なるものが用いられた。スー族の間ではゴースト・ダンスの教えに帰依した者が等しく着用していたが、いかなる弾丸あるいは武器といえども突き通すことができないと堅く信じられていた（J・ムーニー『ゴースト・ダンス』）。

中国で十九世紀末から二十世紀の初めに起った義和団事件は著名であるが、その立役者となった義和拳《ぎわけん》・大刀会《だいとうかい》などの教団では、「洋人」「教会」の火力に対抗するための不死身の体術として拳法、刀法が導入されたという（三石善吉『中国の千年王国』）。

宗教運動の要素

このようにみてくると、キリシタンの全能の神デウスに敵対するものを標的とする一揆の動きといい、信者が不死身であることへの確信といい、島原の乱には色濃い宗教運動の要素があることは間違いないように思われる。確かに飢饉と重税が大きな要因であることは様々な徴候から窺えるものの、キリシタンの蜂起を重税への抗議とみた場合つじつまの合わない点が多くみられる。たとえば住民に対するキリシタン信仰の強制である。もし重税に抗議して蜂起することが目的なら、相手が蜂起に同意しさえすればよいことであり、キリシタンであろうと異教徒であろうと差し支えないことではないだろうか。

江戸時代の百姓一揆が、一揆蜂起に同意しない村に制裁を加えたことはよく知られているが、一味になって蜂起することの強制と信仰の強制とは別のことである。むしろ単に藩への蜂起を促すだけであれば、ことさらキリシタンになることを強制することは、却《かえ》って相手の村を同意しにくくさせるのではないか。一揆が蜂起を促すために、村々へ発した廻文として知られる寿庵廻文には、キリシタンになって味方に加わること、異教徒の坊主であってもキリシタンになれば許されること、キリシタンでない者は堕地獄の憂き目に遭うことが強調されており、藩に対して蜂起するとも、訴訟するとも書かれていない（三七〜三八ページ参照）。「デウスに敵対」する藩の代官林兵左衛門を処刑したことを告げる檄文には「異教徒」を討取ることが訴えられていた。信仰の強制という、容易には受け入れられ難いはずのことが一揆の重要な目的の一つだったと考えられる。

さらに第一章でみたように、一揆は天草栖本の代官石原太郎左衛門にキリシタンへの改宗を勧告した。石原太郎左衛門は富岡城代三宅重利と相談の上考えるからそれまで待つようにと応え、キリシタンたちは一旦引上げた（四六〜四七ページ参照）。これもまた、重税の抗議のために訴訟したのであれば、あまりにもそぐわない行動ではないだろうか。そもそもキリシタン信仰が幕府により禁止されていたことを想起すれば、このような要請が実現されることは年貢減免よりずっと困難なことであるはずである。むしろ蜂起したキリシタンの眼中には年貢減免などなかったのではないか。

もっと分らないのはキリシタンへ「立ち帰る」行為自体である。既に第一章でみたように、天草大矢野のキリシタンたちは、代官石原太郎左衛門の前へ行き、キリシタンに「立ち帰る」ことを宣言した。島原の三会村のうち、佐野村の大庄屋源左衛門の一党は、檀那寺《だんなでら》に出向き、キリシタンに「立ち帰る」旨をわざわざ宣言している（三三ページ参照）。藩の役人や僧侶を面前にしてのこうした宣言は、敵対宣言ともなる。武器をもち、団結して先制攻撃をすることよりも、ある意味ではずっと危険なことであろう。何故それをわざわざしなければならないのだろうか。人間に姿はみえないけれども、確実にその場をみているはずの、超自然的存在を意識しての行為と思われてならないのである。

一揆の行動の由来

以上の点からみて、島原の乱は間違いなく宗教運動であったと思われる。飢饉も重税も関係はあるけれども、蜂起のきっかけに過ぎなかったのであり、一揆のめざしたものは、重税からの解放のような物質的なものではない、ある目的だったと考えられる。ところで一揆がめざした物質的でない目的を、具体的に明らかにする手段があるのかという疑問をもつむきもあろう。筆者はあると考える。その手がかりは、物質的でない目的のためと思われる、寺社の破壊、僧侶・神官への攻撃、そして信仰強制そのものである。これらの行為は、島原・天草地域がキリシタン大名有馬晴信、小西行長に支配されていた時代に、実のところ少なからずみられた行為なのである。

イエズス会宣教師ルイス・フロイスの『日本史』によると、宣教師ガスパル・コエリョはキリシタン大名の大村純忠《すみただ》が、隣領高来郡伊佐早《いさはや》（諫早）との抗争に勝利した時、純忠に対して「デウスに感謝の奉仕を示し得るには、殿の諸領から、あらゆる偶像礼拝とか崇拝を根絶するに優るものはない。それゆえ殿は、領内にはもはや一人の異教徒もいなくなるように、そして家臣全員の改宗が実行され始めるよう全力を傾けるべきである」と説いた。この時コエリョが、但《ただ》し改宗は自由意志によるものでなければならないと付け加えたと記すのを、フロイスは忘れてはいない。しかし実際には宣教師の説教により人々は「あたかも司祭が、『寺を壊せ、偶像を焼け』と彼らに言ったかのように」寺院を襲い破壊した（第一部第一〇四章）。

また同じく『日本史』によるとあるキリシタンが、コエリョのところにやってきて、今はちょうど四旬節なので、自分の罪の償いをしたいが、どうすればよいかと質問した。そして「もしあなたが良い機会だと思えば、路上、通りすがりに、何らかの仏塔を焼き始める最初の人になる」のがよいとの答えを得て、「ある大きく美しい寺院の傍らを通り過ぎた」時にそれに放火してしまったという（同上）。

キリシタン大名大村純忠のもとで、イエズス会宣教師の指示により、このような信仰の強制や「異教徒」の迫害が行われたことは既に高瀬弘一郎氏によって指摘されている。これと比較してみても、島原・天草のキリシタン一揆の行ったことは基本的に同じであると考えられる。一揆の行動は、キリシタン大名の時代への、いわば回帰を意図しているように思われる。言い換えれば、イエズス会宣教師たちの指導した通りに行動することが彼らの目的であったと推定することができよう。それではははたして有馬晴信、小西行長の時代、キリシタンはどのように信仰し、どのように遇され、僧侶をはじめ「異教徒」とどのような関係にあったのか、次にみてみたい。

キリシタン大名の宗教政策

天草における「偶像破壊」

まずは天草四郎もいたために島原の乱の震源となった大矢野村のある、天草地域からみてみよう。肥後国衆一揆が鎮圧された後、天正十六年（一五八八）閏《うるう》五月、小西行長が肥後に入部して宇土領を支配することになり、天草地方は小西行長の支配下となった。小西行長が熱烈なキリシタン大名だったことはよく知られている。

ルイス・フロイスによると、「上津浦の島」にあった島子《しまご》という城が小西行長の領するところとなり、行長はその統治を「非常に徳の高い」キリシタン武士に委任した。この人物は領民をキリシタンに帰依させる事業を始め、この島を「栖本殿」とそれぞれ分け合って領有していた「上津浦殿」とその母をキリシタンに入信させることに成功した。この地には他にも既にキリシタンの領主がおり、また土地の主だった僧侶が進んで教理を聴聞して改宗したことが大きな推進力となって、とうとう「すべての人々」が上津浦殿の一族とともに受洗することになり、盛大な第一回の受洗式が行われることになった。

この受洗式が終わるや否や「一同こぞって洗礼を受ける前から破壊し始めていたように、神仏の偶像をその寺社もろとも毀《こぼ》ち焼き払うためにあわただしくその場を去った。こうして、時を経ずして以前はあれほど尊び敬われ、拝まれてきた同じ土地で、この神の像が或《あ》るものは鼻をそがれ、他のものは首をもがれ、また或るものは百千の侮辱を被りながら足蹴りにされて、どれもこれも一部を欠いたままで地上に倒されるのが見うけられた。この島にはデウスの霊験《れいげん》がこれほどまで働きかけたので、またたくまに三千五百人もがキリシタンとなった」（「一五九〇年度・日本年報」『十六・七世紀イエズス会日本報告集』第一期一）。

小西行長の統治の下で、キリシタンへの改宗が督促され、改宗した人々により、寺社への攻撃が行われたことが分る。またこの頃栖本では、「一向宗の仏僧」が迫害を受け殺された。この僧侶は「前年」即ち一五八九年に受洗していたものの、それはうわべだけのことであり、栖本の村々に出向いては「同じ宗派に属していた純朴な農民や小作人たちに邪宗を吹きこんでいた」という。しかし「殿」がこれを聞きつけ、「彼を斬首刑に処し、地中に打ち込まれた杭《くい》の上にそれを曝《さら》し、そのむくろも首のまわりに偽りの経本とともにつるさせた」「そのためにすべての人々がふるえあがっただけでなく、仏僧に耳を傾けた貧民たちが一向宗について説くようなこともなくなる原因となったのである」（同上）。

フロイスの報告が行われた一五九〇年といえば、豊臣秀吉が関東の北条氏を滅ぼした年である。秀吉はその三年前にキリシタンという「神国」日本にふさわしくない邪法を弘めるイエズス会宣教師の追放を宣言し（尤《もっと》も宣教師側の嘆願によって猶予されていた）、領主が住民にキリシタン信仰を強制することを禁止していた。しかし秀吉に重用されていたはずのキリシタン大名小西行長の領国では、伴天連《バテレン》追放令は大して意味をもっていなかった。そこでは寺社がキリシタンたちによって破壊され、キリシタン信仰に帰依しない者が処刑されていたのである。

キリシタンの信仰統制

天草の人々は行長の政治のもとでキリシタンに帰依するとともに、領民の間にあるキリシタン的でない要素を自ら摘発するようになっていったようである。志岐地方の貧しい漁師の村では、貧しさもあってキリスト教の諸祝日でも漁をしていた。これについてキリシタンから「忠告を受けた時、家計の貧しさのために」依然漁を続けていたが、ある祝日には「まったく魚が獲れなかったのに、平日には他に見られぬほどの大漁」を経験してから、「以前より信心深くなり、また諸祝日を祝う」ようになったという（フロイス「一五九六年度、年報」『十六・七世紀イエズス会日本報告集』第一期二）。

また「偶像崇拝への信心」を払拭《ふっしょく》できない人々も、「聖なる兄弟会」に入りたいと思うようになった時、「或る人々は山々の洞窟《どうくつ》から、或る人々は自分の小さな室からおよそ二十体の仏像」を集めて皆の面前で火に投げ入れた（同上）。「ある迷信的な呪《じゅ》術《じゅつ》」を頼った女性は、そのために「ほとんど死んだように横たわっていた」が、「悪魔祓《ばら》いが行なわれて聖水が彼女に注がれる」と正気に戻り「過去の生活の諸罪科を痛悔」することによって「悪魔のすべての災いを逃れた」（同上）。金曜日に肉食を禁じられているのに、その禁忌を破ったために脚が不自由になってしまい、村人から罪の報いだと非難された者もいる（同上）。

「悪魔と非常に親しい一人の有名な修験者《しゆげんじや》」が、二江《ふたえ》（現・天草市五和町）という村にやってきたところ、教会のキリシタン管理者はこのことを聞きつけて総てのキリシタンに、彼を家に泊めてはならぬと「忠告」した。にもかかわらず一人のキリシタンが家に泊めたところ「デウスの罰がすぐに来た」。というのは、彼の息子は溺《おぼ》れるはずのないところで溺死《できし》し、その翌日には彼の家に巨大な岩が山から落ちてきて「この男を押し潰《つぶ》し瀕死の状態になった」からである。駆けつけたキリシタンたちは、一様にこの男の罪を詰《なじ》ったという（同上）。

キリシタンの信仰は日常生活の戒律として浸透していき、やがてそれに背いた者は、信者仲間から制裁を受けるようになっていったと考えられる。キリシタン大名の宗教政策がもたらした重要な要素の一つであると考えられる。

一向宗との軋轢

だからといって、大名の政策により領民の信仰が簡単に変えられていくわけではない。さきほどみた上津浦では、一向宗の信仰も盛んであった。「この地方の住民は迫害（伴天連追放令のこと）が始まった頃に改宗したのであり、迫害のために幾つかの地域が荒れ果てて参集できぬため、かつまた彼らは一般には一向宗のおかげで自由を得ている農民であるから、同宗から逃れることが困難」であったため、一向宗信者の老婆をめぐって仏教徒とキリシタンとの軋轢《あつれき》が生じた（「一五九九―一六〇一年、日本諸国記」『十六・七世紀イエズス会日本報告集』第一期三）。

この老婆は熱心な一向宗信者であり、キリシタン宗門が盛んだった時期には仏像を隠していたが、「迫害を機に」再び仏像を祀《まつ》り、多くの信者を集めたため「同地の住民がことごとく堕落していった」。その時、キリシタンの布教を行う若者が老婆からこの仏像を取り上げたため、報復のために一向宗の信者百二十人ばかりが武器を手に若者の家にやってきて仏像を返さなければ皆殺しにすると言った。若者も「あなたがたは洗礼を受けている」上、「（小西）ドン・アゴスチイノに従う人たちであり、もし彼がこの出来事を知ったならば、無礼な振舞いにふさわしい償いをあなたがたに求めるのは確かなことと心得るがよい」と応戦する。とうとうこの出来事は小西行長の奉行たちの耳に達した。

「彼らはただちに犯罪人にしかるべき罰を与えることを決定した。これを知った犯罪人らは恐れに駆られて上津浦の司祭に慈悲を請いに行き、かの悪しき老婆は必ず殺されると考えて、或る夜、姿を消した」「奉行らは何らかの裁きを示すためにも老婆の家を焼き払わせたが、他の者については司祭がたいそう根気よく嘆願したので彼らの罪を赦《ゆる》すと公言した。それゆえに、彼らは一様に恐れをなしただけでなく、教会に復帰しきわめて従順になった」（同上）。

中世日本では出家者が、罪を得た者を守り、命乞《いのちご》いや減刑の嘆願を行うことが普通に行われていた。中世の人々が、罪を得て当局から追及された時、主人の支配のもとから逃れようとした時、戦いに敗れ、敗者への残党狩りに晒された時、妻が夫の支配から逃れようとした時、彼らが一様に寺院に逃げ込んだのは、こうした出家者の地位による。この出家者と同じ役割をキリシタンの司祭が演じていることはまことに興味深い。

それはそれとして、キリシタンと「異教徒」の軋轢では、小西氏はキリシタンの側に立ち、一向宗など「異教徒」の信仰が迫害を受ける立場にあったことが分る。小西領国では、小西氏の宗教政策が絶対的な位置を占め、秀吉の伴天連追放令はせいぜい弾圧下の一向宗にはかない希望を懐《いだ》かせる程度の効果しかなかったと考えられる。

非改宗者の追放

小西領国における、キリシタンと一向宗との軋轢は宇土地方でもみられた。「もし同地（宇土地方）の異教徒が日本中でも殊に有害な宗派でなければ、さらに多くの洗礼が行なわれていた。その異教徒は一向宗と呼ばれ、我らの聖法を弘める上で非常に大きな障害となっており、彼らは聖法が弘まるのを妨げるために、日本（にいる）伴天連たちは、子供を食らいに」ここへやってきたと言っていたとの報告もなされている（「一五九九―一六〇一年、日本諸国記」『十六・七世紀イエズス会日本報告集』第一期三）。

この宇土の教会で行われた聖週間の務めに最も熱心だったのは小西行長の甥《おい》忠右衛門という青年であった。彼は「自らが治める隈庄《くまのしょう》（現・熊本市南区城南町）の数多の住民をキリシタンになるよう説得し、以前は我らの聖法に大いに敵対していたにも拘《かか》わらず三千人以上」が洗礼を受けた。領民が受洗すると彼は「領民が所持していた偶像を一つ残らず持参させた上に、それらを火中へ投じさせたが、偶像の多くは金箔《きんぱく》がよく施されていたために、他の近隣所領の異教徒は仏像から金をとるためにそうしているのだと噂をたてさせていた。仏僧に対して彼は、改宗するか所領から立ち去るようにとの伝言を送った。これにより、六人の仏僧が洗礼を受け、他の者は離去した」（同上）。

日本側の史料にも、小西行長の宗教政策について同様の記述を見出すことができる。『拾集物語《しゅうしゅう》』によると、小西行長は年貢諸役については裕福な領主で緩やかであったけれども催促の役人を派遣しては、「キリシタン宗旨になれ〳〵」と督促することが毎年毎月に及んだので領内の者たちはほとほと閉口したという。それでも領内の男女が一人も「邪宗」に帰依しなかったために修験の行われた霊山や禅宗、真言宗、念仏宗など諸宗派の僧侶や寺社に迫害を行い、ことごとく破却したという。このため僧侶たちは隣領の加藤清正の所領に逃げていき、小西領にもともとあった寺で今は熊本にあるものが多いという。やがて住民が改宗を受け入れないために不法な課税が多くなり、領民が崇敬する寺社を焼いたり破却したり、あるいはいわれなく民百姓を殺害することが多かったとも伝える。キリシタンの禁教令が徹底していく時代の記述であり、総てが信憑性《しんぴょう》あるものとはいえないが、イエズス会宣教師の報告と共通する部分の多いことは確かであろう。

寺沢広高の入部

周知のように小西行長は関ケ原の合戦で石田三成方として徳川家康軍と戦って敗れ、逮捕され、石田三成とともに処刑された。翌慶長六年（一六〇一）、天草には寺沢広高《ひろたか》が入部した。広高はキリシタン大名ではなく、また豊臣秀吉の伴天連追放令を考慮して、入部の当初はイエズス会宣教師とキリシタンに冷淡であったが、まもなく「過去を悔い、態度を改め、伴天連方と懇意に」なることを望んだという（一六〇一、〇二年の日本の諸事」『十六・七世紀イエズス会日本報告集』第一期四）。そのため広高は「伴天連方の手に予の島々を渡し（小西）ドン・アゴスチイノ（行長）の頃と同じ自由をもって、何らの不安も妨げもなしにかのキリシタンたちの教化にあたっていただくことを決意した」と言明し、宣教師らの天草滞在を承認したという（同上）。

小西行長の支配が終わったからといって、十数年間の統治の間に形成されたキリシタン信徒の勢力を無視して、広高が統治を行うことは問題外だったのだろう。特にその入部の初期に天草地方を襲った不作に対しては、イエズス会宣教師らが献身的な救護活動を行ったために「異教徒の領主たちですら深く感化され感動したので、司祭たちに大いなる好意、好感を寄せ、大量の米を貸しつけ、村々に分配し、あまり多くの人が死なないようにしてくれた」（同上）。その結果「（寺沢）志摩《しま》殿の配下にあるこれらの島々では、代官たちは概して司祭たちに対し好意的態度を持し」、志岐に城が建設されたことにより司祭たちの修道院もまた移転する際には「司祭に非常に良い地所を与え、城の工事に多忙であるにも拘わらず、教会を建てるのを手伝ってくれた」

という（同上）。

もちろん天草地方には「異教徒」も少なくなく、「多くのキリシタンが教えを棄《す》てたり、四旬節の時に肉を食べるよう誘惑されないわけにはいかなかった」が、「それには、（寺沢）志摩殿が居住している唐津の城に人質になっている少年たちでさえきわめて勇敢に抵抗した」（同上）。なかには家の中で「パーテル・ノステル」の聖歌をわざと歌い、僧侶とトラブルを起すキリシタンの少年もおり（同上）、キリシタンたちは小西行長の時代のように依然、「異教徒」への挑戦的な態度をやめなかったと思われる。キリシタン大名の時代が去ってからも、信仰をめぐる対立は続いていたのだろう。

一六〇四年に至って寺沢広高は、キリシタンへの迫害を行い「存在する限り教会をすべて地に引き倒し破壊した。そのため、そのキリシタン宗団の教化と回復は司祭たちにとって極度に厄介かつ困難になった」という（「一六〇五年の日本の諸事」『十六・七世紀イエズス会日本報告集』第一期五）。しかし以後も迫害が持続したわけではなく「迫害を始めた寺沢志摩守は、それをそれ以上進めなかった。むしろ変わり、たいそう温和になった。それゆえ、キリシタンたちは我らの聖なる教えを奉ずるにあたって自由に行動することができ、司祭たちは彼らの教化の業を自由に行なうことができる」(同上) との報告もなされている。さらに広高は「機会がある時には、幾つか重要な恩恵を」イエズス会宣教師に与えた。たとえば徳川家康の前に祗候《しこう》した折、家康から「司祭に関する問題について質問された際に、非常に良く好意的なことを述べた」(同上) という。

こうした寺沢氏のキリシタン容認政策の中で、宣教師の布教は活発化し、新たにキリシタンに帰依する者も生れ、「新たな改宗者は成人百三十人ほどにのぼり、かの殿の直属の家来であるすこぶる名望ある人たちも数人いる」(「一六〇六、〇七年の日本の諸事」『十六・七世紀イエズス会日本報告集』第一期五) という状況も生れたという。

大名それぞれの宗教政策

一方、熊本領では、小西行長の旧領を併合した加藤清正により、キリシタンに対する迫害が開始された。清正は有力な武士や武将たちに対して棄教することを書面で約束すれば給人として召抱えるが、そうしない者の知行《ちぎょう》は没収すると宣言し、これを拒否した武士に対しては「キリシタンたちが望むように剣と十字架によってではなく、別のより重い罰、すなわち純粋な飢えで殺戮《さつりく》することによって」制裁するため、出国を禁じ、親類や妻子を人質にとった上俸禄《ほうろく》と家を没収したという（「一六〇一、〇二年の日本の諸事」『十六・七世紀イエズス会日本報告集』第一期四）。その上彼らに対して家を貸与したり、売買行為を行うことを禁止する、という村八分風の制裁を命じた（同上）。結局、棄教者も出る中で、最後まで棄教しなかった者たちには出国を許したという（同上）。

八代には法華宗の僧侶を派遣し、住民たちに法華経を受け取らせ、法華宗であることを公言するために経典を頭上に戴《いただ》かせ、キリシタンを摘発させ、この「踏み絵」に等しい儀式を拒否する者に対しては殺戮を命じたという（「一六〇三、〇四年の日本の諸事」『十六・七世紀イエズス会日本報告集』第一期四）。この命令に従わなかった者は一六〇三年に処刑された（同上）。伴天連追放令や幕府の政策の範囲を超えたキリシタン摘発が、加藤清正統治下の熊本領では行われていたと考えられる。しかし、同じ九州でも、状況は大名それぞれの領国によって著しく異なっていたであろうことは同じ肥後国の、天草と加藤清正領とを比較するだけでもたやすく想像がつくであろう。

慶長十三年十二月（一六〇九年一月）、四人のキリシタンが八代で処刑され、その首は城の東の門に、キリシタン信徒たちに奪われないよう監視の下に晒された。ところが一人の勇敢なキリシタンの手により、結局首は持ち去られることになったのである（D・バルトリ『イエズス会史』抜粋『十六・七世紀イエズス会日本報告集』第二期一）。さらに山田リアンという信徒が、宣教師が殉教者の遺体を手に入れたいと望んでいることを知り、墓に埋められていた遺体を掘り起し、これを熊本領から持ち出し、天草の上津浦に至り、そこから有馬晴信の領内に持ち込もうとした。ところが上津浦の信徒たちが武器を携えて、彼らに四人の遺体のうち一つだけでも残していくよう迫った（同上）。そこで一番年下であり、生前敬虔な信者だったペイトロという者の遺体を上津浦の信徒に引き渡し、彼らは有馬地方へ向った。後になって上津浦と有馬の信徒たちは遺体の帰属をめぐって烈しい論争を繰り広げたが、上津浦の強力な信徒団は有馬信徒の要求には全く応じず、ペイトロの遺体を確保したという（同上）。

キリシタンの処刑が行われ、殉教者を弔うために首や遺体を「盗み出」さなければならない熊本領八代、その遺体が歓迎されるキリシタン大名有馬晴信の有馬領、さらにその遺体の一部を要求して武力で確保する天草領上津浦のキリシタン勢力、キリシタンの、いわば「聖遺物」ともいうべき殉教者の遺体をめぐる三者三様の対応がみられる。こうした実態を考えると、豊臣秀吉の伴天連追放令や幕府という統一政権の存在のみを根拠に、日本におけるキリシタンの状況を概括して判断することなど、とてもできるものではない。実際にはその地域における領国大名の宗教政策如何に従って、ある土地ではキリシタンが隆盛であり、別の土地ではキリシタンが迫害されていたのである。キリシタン信仰をめぐる状況は領国により様々であった。

大矢野の雨乞い

天草に話を戻そう。キリシタンを容認する姿勢をとっていたとはいえ、寺沢広高は別段優遇したわけではない。「キリシタンの教えにとって重大な敵である寺沢志摩守のため（イエズス）会は二つの司祭館しか構えることが許されていない」（ジョアン・ロドゥリーゲス・ジラン「一六一一年度、日本年報」『十六・七世紀イエズス会日本報告集』第二期一）との報告もある。そのため宣教師によってはキリシタンに敵対する大名とも見なしていた。

しかし事実上の容認政策のため、一六一〇年頃には百名の受洗者があった。その中には二人の身分の高い女性がいた。彼女らは天草島の「もっとも重立った奉行」の一人である殿に仕えていたが、以前は神仏を尊敬し「異教徒たちから信者の中心的存在として尊敬されていた」という。一人は法華宗信徒、もう一人は一向宗信徒であったが、キリシタンに改宗した後は「誤った教えの信奉者たちを諭し、誤りを悟らせようと」教化活動を行うほど「信仰に関しては非常に有能」だったため、「偶像崇拝者たちは動揺し、人々から軽蔑《けいべつ》された」という（ジョアン・ロドゥリーゲス・ジラン「一六〇九、一〇年度、日本年報」『十六・七世紀イエズス会日本報告集』第二期一）。

なかには四歳の少年にして、両親に僧侶の家に連れていかれた時、「偶像」に供えてあった米を勧める僧侶に対し、「私はキリシタンですから、仏の食べ残しを食べるような行ないは私にはふさわしくありません」と、敢然と拒否した者もいた（同上）。寺沢広高が積極的迫害に転じていた頃、一旦棄教したにもかかわらず、重病を経験した後、娘婿の勧めで改宗した老人もいた（ジョアン・ロドゥリーゲス・ジラン「一六一一年度、日本年報」『十六・七世紀イエズス会日本報告集』第二期一）。三日熱という流行《はや》り病を「聖水」と呼ばれる聖なる水によって治癒させるという、キリシタンの呪術的医療も行われており、多くの信者が救われた（同上）。

また「キリシタンの重大な敵」であった代官がいた。彼の父親は熱心な「偶像の崇拝」を行い、日本でも有名な伊勢《いせ》国の天照大神《あまてらすおおみかみ》という偶像を祀った神殿への巡礼をかねてから心に願い、とうとう実現したものの、主人の寵愛《ちょうあい》を失い、突然の病で死去した。この父の不幸をみた息子の代官は「すっかり心変わり」して領民のキリシタンに教会を建てる許可を与えたばかりか、建設費も負担したという（同上）。

天草では支配者の個人的事情によってキリシタンが優遇されたり、抑圧に近い冷遇を受けたりする不安定な状況が続いていたと考えられる。しかし結局小西行長の時代の、キリシタン改宗政策と「異教徒」迫害政策により、大勢として「キリシタンの教えの古くからの敵」とも評された寺沢広高が、積極的迫害に踏み切れないほど、キリシタン信仰は定着し、キリシタン信徒が隠然たる勢力をもつに至っていたと考えられる。一六一二年、後述する岡本大八事件により有馬晴信が処断され、江戸幕府によるキリシタン統制が厳しくなり、広高も家康に従う政策を行ったため、領民にはこれに反発して天草を去ろうとする動きも生じた。広高は「島の人口が減少しないようにというまさにその利害から」「司祭たちに領地に留まってもよい許可を与えた」（ジョアン・ロドゥリーゲス・ジラン「一六一二年度、日本年報」『十六・七世紀イエズス会日本報告集』第二期一）。

天草地域の住民にキリシタン信仰が定着していることを窺わせるのは、一六一三年に起った旱魃《かんばつ》である。この時大矢野村の住民は「三日間断食して、十字架の前で数多くの苦行と祈りをした。すると他所では降っていないのに、彼らの田畑の上には三度にわたって非常にたっぷりと雨が降ったので、新しい収穫に完全な救いがもたらされ、非常の場合にはデウスにすがるという必須《ひっす》の信頼を彼らに固めさせた」（セバスティアン・ヴィエイラ「一六一三年度・日本年報」『十六・七世紀イエズス会日本報告集』第二期二)。「異教徒」即ち仏教徒との軋轢や、日本の神への信仰との軋轢は恐らく絶えなかったと思われるものの、キリシタン信仰もまた、日常生活に密着した「非常の場合にすがる」ことのできる信仰として受容されていったと考えられる。

有馬晴信の「異教徒」追放と迫害

ルイス・フロイスの『日本史』によれば、有馬晴信は過去に一度キリシタンの信仰を棄てた者総てに改めて宣教師の説教を聞き、キリシタンへ「立ち帰る」ことを命じ、その通り実行させた。さらに異教徒にも説教を聞くことを命じ、どうしてもデウスの教えを理解しようとしない者に対しては、領国のために役立つ「有能な人材であっても、領内から追放するようにと命じた」という。尤もフロイスの説くところでは「説教を聴聞しさえすれば、(人々は)容易に真理に目覚めたので、そのような羽目に陥る者はきわめて稀《まれ》であった」(第二部第三五章)という。

さらに晴信のキリシタン政策のもとで宣教師たちは日本の寺院の仏像を破壊し、仏教徒の目の前で辱めを与えるということもやってのけた。加津佐の海岸近くに岩石の小島があり、その頂上近くの洞窟に祠《ほこら》が造られ「祭壇の上には偶像が安置」されていたという。有馬から追放された僧侶たちが、退去するにあたり種々の仏堂にあった自分たちの仏像をここに隠していたに違いないと副管区長ガスパル・コエリョはかねて疑っていた。そこでコエリョやフロイスたち宣教師は数人の若者を従えて、ある日この洞窟に向い、はたしてコエリョの疑いの通り、仏像が隠されていたことを知った（『日本史』第二部第三六章）。

そこで彼らは取り出せる仏像は総て取り出した後、残った大きな仏像に祠や祭壇もろとも放火した。「それらはすべて木製で、燃やすのにはうってつけの材料であったから、暫時にしてことごとくが焼滅」した（同上）。さらに司祭は口之津の教理修学中の少年を召集して、取り出した仏像を運ばせた。これを知った加津佐村の漁民たちは、「男も女も子供も、それまで礼拝していた偶像を見るために戸口に出て、それからどういうことになるか大体わかっていたので、その哀れな運命に同情を示していた」という（同上）。これらを運んだ少年たちは「唾《つば》をはきかけ、それにふさわしい仕打ちを加えた」上、口之津の司祭館で「総て（の偶像）はただちに割られ砕かれて薪にされ、かなりの日数、炊事に役立った」（同上）。

宣教師やキリシタンたちの野放図な寺院や仏教徒への攻撃が、有馬晴信により容認されていたことはほぼ間違いないだろう。その一方、こうした行為は、仏像の「哀れな運命に同情を示していた」加津佐の漁民のような仏教徒など「異教徒」と、キリシタンとの間に埋められない溝を創りだしたこともたやすく想像される。事実キリシタンと仏教徒との間には深刻な軋轢が起った。

三会村では「多くのキリシタンにまじって」頑強に信仰を保持している僧侶も何人かおり、「異教徒が改宗することを妨げ、また改宗者にはきわめて冷たくあたった」という（フロイス「一五九〇年度・日本年報」『十六・七世紀イエズス会日本報告集』第一期一）。三会村では墓地は「ことごとく異教徒のもの」だったため、キリシタンの死者を埋葬するにあたり、寺院に属する墓地に死者を埋葬した時、そこにキリシタンが十字架を立てたことから争いが起った（同上）。僧侶たちは直ちに死体を掘り出すことを要求し、そうしなければ死体を犬に与えると抗議した。これを聞きつけた有馬晴信は、そのような行為は処刑に値すると警告し、僧侶たちの財産を没収した。

このため「仏僧たちは大いに震え上がり」キリシタンの司祭に晴信へのとりなしを懇願する羽目になった（同上）。「そしてどうか彼らのもとにキリシタンの律法を教えることができる人を送ってほしいと司祭たちに伝えた。かくして、彼らは公教要理を聴いてすぐに洗礼を授けられ」「福音の愛より発したこの聖なる火が異教徒の胸のなかに灯をともして、またたくまに千人を超す人々が当地で改宗することになった」（同上）。先に天草でもあったように、罪を得た者の命乞いや減刑嘆願を取次ぐという、中世日本の僧侶たちが行っていたのと同じ役割を、宣教師たちが島原でも果たしていることが知られる。

「異教徒」迫害の定着

既にみてきたように、宣教師たちは「異教徒」たちに対する信仰迫害を大名に進言したり、自ら行ったりすることに何の躊躇もなかった。もちろんキリシタンへの帰依は信者の自発的意思によらなければならないことはしばしば口にしていたけれども、島原地域で有馬晴信の優遇政策のもとに行ったことをみていくと、実態は言説とかけ離れているように思われる。

そして島原地域では、大名の容認によって「異教徒」を迫害する行動様式が徐々に領民の間にも定着していったものと思われる。一五九七年の報告書によると、島原近郊に一人の僧侶がやってきてお札を売ろうとした。これを見咎《みとが》めた「執事のように教会の管理の仕事をしていた一人のキリシタン」は「いかなる権威をもってこの地域に詐欺まがいのお札を撒《ま》き散らすのか。太閤《たいこう》様からの許可状を所持しているのなら、それを見せて欲しい。もしそうでないのなら、所持しているそのお札の包みをただちに投棄して欲しい」と迫った。僧侶は困惑して「お札の包みを投棄してしまえば生活ができなくなる」と訴えたにもかかわらず、キリシタンはそれを取り上げ、火中に投じてしまったという（一五九七年ペドゥロ・ゴーメス書簡『十六・七世紀イエズス会日本報告集』第一期三）。

キリシタン信徒による異教徒狩りが行われたことが分るが、これが伴天連追放令を発した豊臣政権による全国支配の時代の出来事であることを思うと奇異の感は否めない。繰り返すがこの時代は宗教政策に関する限り、領国大名の自律的判断が決定的な力をもっていた時代であり、事実、たとえば九州という地域に限っても、既に述べたように、それぞれの領国で大名の対キリシタン政策は様々であった。各領国に、戦国大名のそれを思わせる自立性がいまだ残っていたのであろう。

豊臣秀吉が伴天連追放令を発令した時、発令の理由としてあげたものは第一に宣教師による信仰の強制であり、第二にキリシタンたちの行う寺社の破壊と僧侶への迫害であり、第三に宣教師たちの習慣である牛馬の肉食であり、第四にポルトガル人の奴隷売買であった。このうち第一の信仰強制は、キリシタン大名の領国であった島原・天草地域では依然行われていることが確認できるし、第二の寺社の破壊や僧侶への迫害も同様である。伴天連追放令の趣旨にどうみても正面から反することが豊臣政権下のキリシタン大名領国で公然と行われていたのである。それればかりか、第四の奴隷売買に類することも有馬晴信の領国では公然と行われていた。

奴隷の進呈

有馬晴信の領国では当然ながら宣教師の地位は高かったため、その宣教師による人の道に外れた要求まで容認されたことがある。長崎における日本とポルトガルとの貿易で活躍した司祭《パードレ》メスキータは、インド副王との間であるいざこざが起った時、副王との関係を修復するために日本の「少年少女」たちを進物に贈ることを考えつき、ジョアン・ロドリーゲス・ツヅに、有馬晴信がインド副王への「進物即ち少年少女たち」を船載して送ることにしてほしいと要請した（一六一二年三月十日フランシスコ・ピレス書簡『イエズス会と日本』二）。

要請を受けたロドリーゲスは有馬晴信の城へ赴き、晴信は城中の家臣たちの面前で進物の少女たちをロドリーゲスにみせた。

晴信は「パードレたちの意見によって彼らを送るのであるから、絶対的権力によって、望み通りの者を進物として獲得出来るものと考えた。事実彼はその通り実行し、自分の家臣たちから少年たちを取り上げた」（同上）。この時嫡子直純から奪った少年はある寡婦の息子であったため、寡婦は息子を取り返しに長崎まで行き、返還を求めた。晴信の役人たちは処置に困ってこの女性を殺害したため、「パードレたちは自分たちから息子や娘たちを奪った」という噂が有馬地域に広まった（同上）。

このため「有馬の地全土が苦悩におおわれ」「錯乱した人々は、子供たちをつれてしげみに逃れた。また他の人々は、子供たちを異教徒たちに預けたり、彼らを救うために、泣く泣く結婚させたりした」（同上）。司祭たちはあとでこれらの結婚の一部を無効と宣言した。宣教師たちの暴虐を目の当たりにした「有馬の地の他の人々は意気喪失し、今までのところ教えの道に入ってこない」（同上）という事態となったという。

宣教師たちの野放図な行動とともに興味深いのは、あれほど「異教徒」の迫害が盛んだった島原（有馬）地域に、子供たちを預けるための「異教徒」が存在したという事実である。仏像が焼かれた時、「哀れな運命に同情を示していた」加津佐の漁民の眼差《まなざ》しを想起することができる。大名の権力に助けを借りながら隆盛となったキリシタンに対して、醒《さ》めた目を向けていた領民もいたのだろう。インド副王に平然と奴隷を進呈するキリシタン大名の下では、領民たちが依然「異教徒」の存在を必要としていたことが知られる。

念のために付け加えておけば、もちろんこうした、権力を笠《かさ》に着た野放図な行動に出た宣教師ばかりではなく、異国人に対して慎重に節度を保った者も当然ながら存在した。アレシャンドロ・ヴァリニャーノは、日本の大名同士が行う戦争にあまりに深入りしたとしてガスパル・コエリョを批判的に報告している。有馬晴信、大村純忠、豊後の大友義鎮《よししげ》（宗麟《そうりん》）らが戦争によって窮地に陥った時、敵方の竜造寺《りゅうぞうじ》や島津を攻めるために遠征するようコエリョは豊臣秀吉に進言し、秀吉の遠征に際しては大友義鎮や有馬晴信、その他キリシタン領主たちを全員結束させて秀吉軍に味方することを約束した（一五九〇年十月十四日ヴァリニャーノ書簡『イエズス会と日本』一）。

ヴァリニャーノによるとこの発言は却って豊臣秀吉に、イエズス会が巨大な軍事力を動かして日本の支配者になろうとするかもしれない、という警戒心を引き起し、伴天連追放令に踏み切らせることになった「非常に重大な無謀で軽率な行為」だったという（同上）。秀吉の追放令を知ったコエリョは、自らの「傲慢《ごうまん》さ」を省みて「戦争に介入することで犯した過ちを認め」る代わりに、「直ちに有馬に走り」有馬晴信はじめキリスト教徒の領主たちに対し、力を結集して豊臣秀吉に敵対を宣言するよう働きかけ、軍資金・武器・弾薬の提供を約束し、イエズス会員に命じて軍需品を準備させた（同上）。しかし結局計画は行われず、秀吉もこの計画を知るに至らず、「主がイエズス会を明白に予測される危険から救い給うた」（同上）。

イエズス会も一つの組織である以上、宣教師には様々な人格の人々がいたことは容易に想像される。イエズス会の中には、秀吉の伴天連追放令に対してイベリア半島のカトリック諸侯を糾合して日本で武力と統治権をもつことをイエズス会総長に進言する宣教師もいたことが、高瀬弘一郎氏により明らかにされている。有馬晴信を促してインド副王への奴隷進呈を企てる宣教師もいたし、ガスパル・コエリョのように、日本の大名の軍事力を利用して戦に走ろうとする宣教師もおり、そしてそのコエリョの過度の軍事介入を憂慮する、慎重なヴァリニャーノもいた。

イエズス会がまるで一人の人間であるかのように擬人化して捉えることは不適当であろう。「イエズス会」が侵略を構想したとか、「イエズス会」が純粋に宣教を目的としていたとかいうふうにみずに、会の中には侵略的な発想に走りやすい宣教師もおり、戦好きの宣教師もおり、商売に重点を傾けやすい宣教師もおり、もちろん純粋な宣教しか眼中になかった宣教師もいた、というのが実態なのではなかろうか。ただその宣教活動も、ポルトガル（したがってまたイスパニア）王室の植民地経営・貿易の一環であるという枠組みには規定されていた。また対日貿易の利潤はその布教事業の不可欠の財源であったから、これを最優先せざるを得ないという至上命令から離れることはできなかったのであろう。

キリシタン大名と島原の乱

さてキリシタン大名支配下の、そして江戸幕府の禁教令以前の島原・天草におけるキリシタンの状況をみたところで、島原の乱におけるキリシタン一揆の行動を思い返してみよう。キリシタン一揆がデウスを絶対のものと見なして、寺社の破壊、僧侶・神官への攻撃、そして信仰強制を行った一揆の行動は、キリシタン大名の時代や禁教令以前の島原・天草にしばしばみえることは容易に納得できよう。

このようにみてくると興味深いのは、天草で蜂起したキリシタンたちが唐津藩の拠点富岡城を攻撃している頃、熊本領に避難してきた真宗門徒の証言である。十一月十八日に郡浦に着いた船に乗っていた天草阿村浦・牟田浦・永目《ながめ》浦（いずれも現・上天草市）の庄屋ら十三人の一行が、熊本藩の役人に語ったところでは、天草では今度キリシタンも真宗門徒もことごとく熊本藩から討伐されるとの噂があったので、郡浦にいる親類の庄屋を頼り、身分証明をもらいに来た、とのことであった。一行のうち阿村浦の庄屋弥兵衛は郡浦専行寺の門徒であるといい、専行寺も拙寺檀家に間違いなしと請合ったという(『御家中文通之内抜書』)。

キリシタンも真宗門徒も討伐されるとの噂が、根も葉もない流言であったことは間違いない。しかしキリシタンが蜂起し、キリシタンの勝勢も十分考えられる予断を許さない戦況で、真宗門徒がわが身にふりかかる迫害を予測して避難したことは興味深い。言い換えれば天草地域では真宗門徒にもキリシタン大名時代の迫害の記憶が鮮明であり、一揆の行動はそうした記憶を蘇《よみがえ》らせるものであったと思われる。政治情勢如何で、それが現実のものとなるかもしれないと真宗門徒が予測したと想定することは十分可能である。キリシタン大名の時代は、彼らにとっても決して遠い過去のことではなかったのではないか。

島原の乱で蜂起したキリシタンたちの指導者には、元有馬家の家臣であった牢人もいた。そして年の頃五十〜六十歳になる牢人が大勢集まっていた。元有馬家の家臣山田右衛門作が六十歳(『肥前国島原切支丹一乱之始終』)、同じく元有馬家家臣芦塚《あしづか》忠右衛門(忠兵衛との表記もある)が五十六、七歳(五十歳とする史料もある)、松島半之丞が四十歳ほど、有江久意が六十歳ほど、相津源翁は三十二歳、大右衛門が六十歳ほどという(『大河内家記録』)。また蜂起の中心となった牢人たちが四十人ほどいたが、年齢は五十歳前後の者たちだったという(『肥前国島原切支丹一乱之始終』)。

乱勃発時の寛永十四年（一六三七）に五十歳といえば、有馬晴信が刑死し、天草でキリシタン迫害が強化される禁教令が出された慶長十八年十二月（一六一四年一月）には二十代半ばの青年だったはず、少年時代はキリシタン大名の統治下で過ごしたはずの人々である。キリシタンの信仰を得たのが、この時代だった人々も少なくなかっただろう。これらの人々がキリシタンのあるべき姿を思い描いた時、否も応もなく少年時代を思い起したとしても少しも不思議ではない。仮にこの時代の記憶が一揆蜂起を促したとすれば、キリシタン一揆の行動様式に関して有力な説明が得られることになる。少年期・青年期の記憶に生き続けるキリシタンの王国、それが一揆の行動の原点だったとみておくことにしたい。

第三章　蜂起への道程

前章「宗教一揆の実像」では、島原・天草地域で起ったキリシタンの一揆が、キリシタン大名の時代におけると同様な、キリスト信仰の復活を求め、信仰を取り戻すというきわめて宗教的なものであることをみた。端的にいって、一揆の求めたものはキリシタン大名の時代への回帰である。

ところで江戸幕府が全国的な禁教令を発したのは慶長十八年十二月（一六一四年一月）である。島原の乱が起るのは寛永十四年（一六三七）、その間この地域のキリシタンは、二十年以上も幕府の禁教令に、表向きのみではあれ従っていたことになるが、その間なんら抵抗もしなかったのだろうか。第一章「立ち帰るキリシタン」でみたように、大規模な武装蜂起を行う力を秘めていたキリシタン信徒が、これだけの時間、唯々諾々と逼塞《ひっそく》していたとは思われない。彼らはこの二十年をどのように過ごしたのだろうか。

また第二に、キリシタンが蜂起した寛永十四年は、これまで何度か述べたように三年来の大飢饉であった。飢饉とキリシタン信仰、一見無関係にみえる両者はどのような関係にあるのだろうか。以上の二つの問題をここでは考えてみたい。

禁教令と島原・天草地域の信仰

幕府の禁教令

江戸幕府が全国的な禁教令を出すきっかけとなったのは岡本大八事件と呼ばれるものであり、これによって有馬晴信は幕府から死を賜わったのであった。晴信は慶長十四年（一六〇九）、徳川家康の命を受けてポルトガル船ノッサ・セニョーラ・ダ・グラサ号を焼討ちした。この船の総司令官《カピタン・モール》アンドレ・ペッソアがマカオ市の総司令官であり、前年マカオで起った、市民と有馬晴信派遣の朱印船乗組員との紛争を鎮圧した際、日本人を殺害したことへの報復であった。

幕府有力者本多正純《まさずみ》の家臣岡本大八は、晴信に対し、鍋島領となっていた晴信旧領の肥前国藤津《ふじつ》・彼杵《そのき》・杵島《きしま》三郡を恩賞として晴信に賜わるよう斡旋《あっせん》すると称して晴信から多額の賄賂《わいろ》を取った。しかし恩賞の沙汰《さた》が一向にないことに不満をもった晴信が本多正純に糺《ただ》したことから、贈収賄事件は発覚して大八は下獄した。一方、大八は獄中から、晴信がかつて長崎奉行長谷川左兵衛藤広《ふじひろ》を謀殺しようと企図したと訴え、旧悪を暴かれた晴信もまた所領を没収されて甲斐《かい》国に配流、慶長十七年（一六一二）五月に死を賜わった。

事件そのものは単なる贈収賄事件とそれをめぐる大八・晴信両者の私的怨恨《えんこん》に由来するものであるが、事件発覚の過程でこの両者が共にキリシタンであることが問題化した。慶長十七年三月に、徳川家康は駿府《すんぷ》でキリシタン禁令を出し、家康直臣の信徒が摘発され、改易・追放が行われ、同月中に畿内《きない》・西国の幕府直轄領に禁教令が出されている。この事件がキリシタンの取締りのきっかけとなったことが窺えよう。そして翌慶長十八年十二月（一六一四年一月）、全国に禁教令が出されたのである。

三度にわたる幕府の禁教令のうち、全国への禁教令については、禁教令の四日後に家康の命により、金地院崇伝《こんちいんすうでん》が起草した「伴天連《バテレン》追放之文」と呼ばれる文書によって、その内容を知ることができる。この文書で幕府は「キリシタンの徒党」を追放することを宣言し、その理由として以下の二点をあげている。第一は日本で「邪教」を弘めて日本の国を自分たちの手で領有しようと企んでいることであり、第二は「神国・仏国」日本の信仰、道徳、法に反し、罪人を崇めるような非道の行いをしていることである。ポルトガル・イスパニア両国の侵略への警戒と、信仰・道徳・法律など日本社会の価値秩序が攪乱《かくらん》されることへの警戒が禁教令の骨子となっていたということができよう。

有馬直純のキリシタン迫害

有馬晴信の刑死により実子直純が後継者となった有馬地域では、領内にキリスト教禁教の布告がなされた。「日本全土の支配者大御所」即ち徳川家康の命により、直純の領内でもキリスト教を禁止するので、今後「自分の家臣は何人《なんぴと》もキリスト教徒になってはならない」し、「いかなる宗派であれ異教の仏僧たちを迎え入れることが出来るようにする」ことが命じられ、「従わない者は処罰されるもの」とされた（一六一二年十月十日ルイス・セルケイラ書簡『イエズス会と日本』二）。言い換えれば、それまでは「異教の仏僧」を新たに迎え入れることなどできなかったわけである。晴信の時代からの、まさに百八十度の転換であった。

さらに家臣の武士たちに棄教を強制するとともに、宣教師の定収入を剝奪《はくだつ》し、領民に宣教師との接触を禁じるとともに、宣教師には領内からの退去を命じた（同上）。棄教の強制に対し、家臣たちの中には知行を失うことを恐れて、表面的には命令に従うという面従腹背の態度をとる者もいたが、全面的に拒否する者もいたし、夫が棄教した場合同居を拒否した妻もいた（同上）。特に「農民・商人・職人、その他この種の下層の人々」は概して「非常にキリスト教徒的な行動」をとり、有馬・口之津・島原・有家などで多くのキリシタンが「この国民のやり方に従って」血判を捺《お》したり、誓約と署名が入った証文を作成して、死罪を受けても棄教しないことを決議した。「殿」即ち直純が、口之津のキリシタンたちにこの決定の首謀者が誰かを尋問すると「全員が首謀者である」と答えたという（同上）。

勝俣鎮夫氏が明らかにされたように中世では、ある目的に対して全員一致の決議をする、即ち「一味同心」の決定を行うことは、一揆を結成することを意味していた。そうした決議を記した誓約文には、署名の順序が籤引《くじび》きで決められていることを明記したり、署名を円形に配置し、傘の形に署名したもの（傘連判《かされんぱん》）が珍しくない。このような一揆の連判状は首謀者を隠すことに主眼があるのではなく、全員が平等の資格で決定に加わっていることを意味するものとされている。一揆においてはまさに「全員が首謀者」なのである。

キリシタン領民たちの、棄教に全面的に抵抗する一揆に直面した直純は、農民をはじめ、身分の低い領民と、自分が必要としている大勢の身分の高い家臣とに信仰を許す一方、家臣たちのうちから五人を選んで「何らかの見せしめとなるよう」知行を剝奪して、彼らを家から追放した（前掲セルケイラ書簡）。直純のキリシタン迫害により、一六一三年にはキリシタン武士八人が生きながら焼かれ、殉教している（セバスティアン・ヴィエイラ「一六一三年度・日本年報」『十六・七世紀イエズス会日本報告集』第二期二）。

幕府禁教令の出された一六一四年、他の領国での「日本中軌を一にする迫害の嵐」に合わせるように、有馬直純も再び迫害を始めた。教会を破壊し、さらに棄教を肯《うべな》わない者の妻子を裸にして、市中を引き回し辱めるという、非道な迫害を考案したために、これを知った身分の高いキリシタンの中には、凌辱《りょうじょく》を阻むために妻子を自分の手にかけるという極端な対応に出ようとする者もいたという（ガブリエル・デ・マットス「一六一四年度・日本年報」『十六・七世紀イエズス会日本報告集』第二期二）。

武士でないキリシタンたちは迫害と戦う決意を新たにし「兄弟会の同志」たちが集まって、いかなる拷問にも耐えて信仰を堅持する誓いを新たにし、週二回の断食を行い、鞭打《むちう》ちの行《ぎょう》も週一回から二回に増やし、さらに毎日の祈禱《きとう》を倍にし、管区長に要請して告白を聴いてくれる司祭を派遣してもらう、という挑戦的ともいえる抵抗に出た（同上）。派遣された司祭は八百人の告白を聴いた。彼らの多くが信心組を結成し、拷問・火刑に遭おうとも信仰を堅持することを誓い合った（同上）。

こうした有馬の状況を視察した長崎奉行長谷川藤広は、その状況を幕府に報告した。以上のような経緯を経て、結局直純の日向《ひゅうが》転封が決定されることになり、転封に際しては一人たりともキリシタンを連れていくことは許されないと命じられたものの、直純が連れていこうとした家臣の大半がキリシタンであり、その中でも棄教を承知する者はごく少数に過ぎなかったので、三百名に上る家臣がキリシタンのまま日向に向った(同上)。有馬に残り、牢人となった者たちから島原の乱の中心的存在が出ることになる。

松倉重政の信仰容認

有馬直純のキリシタン迫害にもかかわらず、この地域でキリシタン禁制が定着したわけではない。直純が日向国へ去った後、元和二年(一六一六)、松倉重政がこの地域に入部した。重政は島原城建設で知られており、それまで有馬晴信のもとでは日野江城、ついで最末期には原城が領国の中心となっていたが、この築城により島原藩の中心は島原城となる。重政は入部の当初キリシタンを容認した。宣教師マテウス・デ・コウロスによれば、キリシタンの「百姓が逃亡しないよう」宣教師たちを「見のがして」いた。何しろ「彼ら百姓は日本の富」だったからである(「一六一九年九月二十五日書簡」『イエズス会と日本』一)。だから有馬地域の加津佐は宣教師にとって「最も快適な土地」であった。

こうした重政のキリシタン容認政策によって「多年行わなかった告白が聴かれ」「多くの人々が正妻と仲直りし、教会へ復帰する者も少なくなかった」(ガスパル・ルイス「一六一九年度・日本年報」『十六・七世紀イエズス会日本報告集』第二期三)。児童を対象とした悔悛《かいしゅん》と聖体の秘蹟のための信心会が設立され、一定の日に集まって信仰の初歩を学び、悔悛の公の苦行が行われた(同上)。こうして信仰を得た少年の中には「神的なアグヌス・デイ」(教皇により聖別された蠟細工《ろうざいく》。「神の子羊」像が刻印され、天災・病気・難産などの祈禱に用いられた。一二八〜一二九ページ参照)を持っていることを「背教者」(転びキリシタン)の父から叱責《しっせき》されて抵抗し、父親のもとを逃げ出した者もいた(同上)。

そのため有馬地域でのキリシタン迫害は「まだ完全に鎮静してはいないが大部分が和らいで」きたし、何よりも重政がキリシタン宗門を嫌悪することなく、「むしろ道理にかなった宗門」と見なすようになり、その「温情と好意」によって有馬地域のキリシタン集団は「あたかも悲しみの中から頭をもたげた」ように活気づき、新たに入信する者も現れ、成人の受洗者は七十人に上った(ヨハネス・バプティスタ・ボネッり「一六二〇年度・日本年報」『十六・七世紀イエズス会日本報告集』第二期三）。

このため、松倉重政の統治のもとでイエズス会の宣教活動は「順調に進んで」いるとの報告がなされている（ジェロニモ・マジョリカ「一六二一年度・日本年報」『十六・七世紀イエズス会日本報告集』第二期三）。有馬にはイエズス会員五名が滞在しており、週一度のキリシタンの会合場所となる個人の家に造られた礼拝堂は非常に多く、聖体の拝領、説教、鞭打ちの行が行われ、この年には百名の受洗者があった（同上）。また告白も行われ、司祭が一晩中眠れないほどキリシタンがやってきたこともあったという（同上）。

禁教令と領国大名

幕府が全国に対して禁教令を発したことは既に述べた。それに基づいて、領国大名であった有馬直純により、有馬地域では棄教の強制が組織的に行われたことも既に触れた。にもかかわらず松倉重政のもとで、キリシタンが容認され、イエズス会宣教師の活動が半ば公然と行われていることに奇異の感を持たれるむきもあろう。従来の見方では幕府が禁教令を発した以上、宣教師をはじめキリシタンたちの活動は厳しい弾圧を受け、逼塞させられたはずであると考えざるを得ないからである。

しかし一方、伴天連追放令を発した豊臣政権下で小西行長、有馬晴信というキリシタン大名が、これに明確に反する対キリシタン政策を公然と行っていたことを想起されたい。さらに今までみてきた松倉重政の対キリシタン政策を合わせて考えれば、少なくとも幕府の威令が圧倒的な力で行われるという通説的な見方には疑問の余地がある。むしろ幕府と藩の制度を基礎とする近世社会、要するに幕藩制社会というものは、その初期においてはなお、領国ごとの自律的な政策を実質的に許容していた、あるいはせざるを得ない社会だったのではないだろうか。

もちろんキリシタンに寛容な重政の政策が、有馬晴信の時代と同じだったわけではない。有馬地域に関する報告の中で、「或る異教徒の大名」の手で、キリシタンの家臣たち十名が流罪にされたことが記されている（前掲ジェロニモ・マジョリカ「一六二一年度・日本年報」）。この「異教徒の大名」は他国へ出発する時、家臣たちから「忠誠を誓約」させようとした。ところが家臣の中にいた十名のキリシタンは神仏に誓約することを拒否し、うち六名はキリシタンの慣習に従って「十字架の印で誓」うことを要求し、残りの四名はデウスにかけて誓約することを要求し、それが叶《かな》わなければ、処刑されてもかまわないと言い放った（同上）。このため、とうとう「決意の固いキリシタンたち」は主君の手で流罪に処せられたのである。

松倉重政の、キリシタンや宣教師の容認は元和八年（一六二二）までみることができる。もちろん有馬晴信の時代と同じようなものではなく、修道士の摘発は、幕府の禁教令により厳しさを増していた。しかし重政は依然宣教師を優遇していた。その理由は、宣教師側の見方では有馬晴信がかつて享受していたような、南蛮貿易の利益に目をつけていたことによるとされている（一六二二年三月三日バルタサール・デ・トーレス書簡『イエズス会と日本』一）。それ以外にも「彼の領土の農民はすべてキリスト教徒」であることも、このような重政の優遇政策の理由であるとトーレスは記している（同上）。

この報告の書かれた前年に、有馬にいる宣教師たちの指導者であるパードレ・ペドロ・パウロが捕縛されるという事件が起った。この時重政は「その捕縛を全然よろこばなかった」（同上）。もちろんパードレの捕縛は周知のことであり、釈放は問題外であったが、重政はパードレを「島原に拘留」して「優遇」させた。島原でパードレは、重政の家臣たちから訪問を受けることができたという。イエズス会の方も、南蛮貿易の利益を目的に宣教師を優遇する重政の存在を重視し、「天下がいくらか平穏になった時」重政がキリシタンとなる可能性があると判断し、期待をもっていた（同上）。

禁教令と寺沢広高

一方、天草地域を統治していた寺沢広高は、幕府の禁教令を受けて、キリシタンに対する迫害を開始した。「志岐島」の領主は、司祭たちが皆長崎に追放されたという知らせが伝わるや否や、司祭たちに長崎に退去するよう命令し、これを聞きつけて取る物もとりあえず駆けつけた信徒たちに別れを告げ、司祭たちが立ち去った日に教会と修道院を取り壊した（ガブリエル・デ・マットス「一六一四年度・日本年報」『十六・七世紀イエズス会日本報告集』第二期二）。上津浦の司祭たちも同様に追放され、さらに教会を管理し、司祭の留守にはその代役を務めるような主だったキリシタン六人が、ついで身分の高いキリシタンたち十名ほどが追放された（同上）。上津浦には、神父たちに告白し、そのミサに参加できる教会がある、との理由で、他の土地から追放されたキリシタンが多く集まっていたが、これらの人々を加えて二百五十人が追放されたという（同上）。

しかし、こうした徹底した追放政策にもかかわらず、天草地域ですぐさまキリシタンが衰退に向ったとみることはできない。天草には依然として司祭が一人隠れ住んでおり、藩の役人たちの迫害にもかかわらず天草のキリシタンたちを司牧していた

(「一六一五、一六年度・日本年報」『十六・七世紀イエズス会日本報告集』第二期二)。天草に一人の山伏《やまぶし》が訪れたことがある。山伏はそこで札を配ったが、キリシタンたちは札を受けることを拒否した。山伏の札を受け取ったキリシタンは、教会から絶縁を勧告されたため、その土地の代官のところへ出向いていき、「彼の前に札を投げ出し、自分はキリシタンであるから、そのような詐欺師の札や偶像崇拝に関係のある迷信などすべて信じないと抗議」した(同上)。代官は「異教徒であったが思慮深い人物」だったため、この信徒の振舞をみてみぬふりをして、その場を済ませたという(同上)。

天草のキリシタンは依然数が多く、厳重な取締りなどとうていできる状況ではなかったように思われる。こうした状況はしばらく続いていたと考えられる。今村義孝氏の研究によると天草地域には元和九年(一六二三)の段階で、千人のキリシタンがおり、二人の聖職者が住んでいた(「日本イエズス会の防衛のための参事会の記録」『近世初期天草キリシタン考』)。

翌寛永元年(一六二四)頃、天草大矢野にはパードレが一人居住しており、危険の中で肥後国のキリシタンを司牧していたという(一六二四年三月二十八日ジョアンニ・ロドリゲス・グランド「年報」、今村氏前掲書)。この報告の中で、一人の青年が父親と僧侶との反対を押し切り、奉行に告発するとの警告を無視して洗礼を受けたが、結局奉行への告発はなされずじまいだったと述べられている（同上）。また天草のある村でパードレが発見された際に、寺沢家中の家臣の一人が、主だったキリシタンの一人に、パードレを宿泊させた場合にはその者は処罰されることを警告したものの、そのキリシタンは警告を無視し、結局この場合も告発はなされなかった（同上）。

大矢野島では一六二五年頃、やはり依然として一人のパードレが滞在しており、六千人の懺悔《ざんげ》を聴いたという（一六二六年三月二十五日ジョヴァンニ・パ《バ》ッチスタ・ポ《ボ》ネリ書状、今村氏前掲書）。またこの頃天草の漁師たちは、通常は多量の現金収入をもたらすはずの、捕鯨の不漁に悩まされていた。そこに来合わせたパードレがフランシスコ・ザビエルの聖画像を祀って、主への祈り五回と同じ数だけのアベ・マリアを唱えて漁に行くように勧めたので、それに従ったところ、驚くほどの大漁となった（同上）。

幕府の禁教令は、ここでも、決定的な効果を上げてはいない。これらの報告にみる限り宣教師の活動は公然と行い得なくなり、地下活動を余儀なくされたものの、信徒のキリシタンについては、依然天草に留まり、信仰を堅持していると同時に、在地でも隠然たる力をもっていることが窺える。結局天草で大規模な迫害が始まるのは、管見の限り寛永六年（一六二九）頃、島原ではその四年前の寛永二年であった。

雲仙の地獄と「背教者」三宅重利

寛永二年（一六二五）、この年島原中でキリシタンの摘発が行われ、改宗を拒んだ七人のキリシタンが「温泉山」（雲仙岳《うんぜんだけ》）の「地獄」に沈められた（『肥前国有馬古老物語』）。七人の一人堀作右衛門の子供三人は海に投じられた。また深江村庄屋甚平も雲仙の「地獄」に投じられるはずだったが、それ以前に「炙《あぶ》り籠《かご》」という籠に入れられて拷問されたあげく落命した。「地獄」に沈められた七人の中には一人の女性がいたが、この女性の夫助太夫、島原古町休意ら十人ほどが、この後にやはり雲仙の「地獄」に投じられた。ここに至って松倉重政の対キリシタン政策が百八十度転換したことが窺える。

寛永四年（一六二七）にも長崎で改宗を拒んだ者三百四十二人が重政のもとに送られ、手を替え品を替えての拷問にほとんどが転んだが、一人改宗を拒否した紙子屋浄弥が雲仙の地獄に沈められた（同上）。翌五年には有家村の住民二百七人が、以前改宗したことを後悔し、改宗する旨署判した証書を取戻しに島原へ出向き、権左衛門以下七人の張本人は竹鋸《たけのこぎり》で首を挽《ひ》かれるという残虐な処罰を受け、他の者たちは拷問に堪《こら》えきれず転んだものの、吉兵衛一人は転ばなかったため、張本人たちと同じく首を挽かれたという（同上）。こうして松倉領の住民たちは寛永五年をもって皆改宗したと『有馬記録』は記している。

今村義孝氏によると一六二九年頃、寺沢広高は志岐の富岡城の城代として「聖教の背教者」である三宅藤兵衛重利を起用した（「一六二八〔寛永五〕、一六二九〔寛永六〕、一六三〇〔寛永七〕年に日本の各地でキリストの信仰に対して起こった迫害の記録」、今村氏前掲書）。彼は、元キリシタンであっただけに「恩寵を回復するため」奉公の熱意を示すべく、キリシタン迫害を決意し、家臣に改宗を強制し、富岡の町をはじめとして、「聖教の足跡が公に何一つとして見られないように」根絶すべく拷問などを用いた迫害を行った（同上）。

島原・天草でどのような事情から迫害が本格化したのかはよく分らないが、禁教令による締付けが背景にあることは当然考えられるところである。しかし、島原で既に寛永二年（一六二五）に迫害が本格化しているにもかかわらず、天草では富岡城代の三宅重利の起用まで迫害が本格化しなかったことを考えると、一律の原因はむしろ考えにくいのではないか。

こうした推定を裏づけるような出来事がある。有馬地域で迫害が始まった頃、宣教師マテウス・デ・コウロスは有馬地域の大江《おおえ》（現・南島原市南有馬町）から天草に渡ったが、これを探知した松倉重政は奉行の書状によって天草の寺沢家家臣にコウロスの渡海を知らせた（前掲「一六二八〔寛永五〕、一六二九〔寛永六〕、一六三〇〔寛永七〕年に日本の各地でキリストの信仰に対して起こった迫害の記録」）。しかし家来たちは、広高が「パーデ（ド）レを捕らえることは出来ないだろうと軽蔑していた」ので、重政に対しては、報せを受けて捕縛のために人員を派遣したという偽りの報告を行い、使者を送り返した（同上）。広高の家来たちの好意によってコウロスの天草への逃亡は成功したのである。

この段階では寺沢家中にキリシタンに好意的な家臣がいたこと、そのために広高は断乎《だんこ》としたキリシタン取締りができなかったことを窺わせる事件であるが、寺沢家中がなおこうした状況の時、島原では松倉重政による苛酷なキリシタン迫害が行われていた。こうしてみるとキリシタン迫害も領国それぞれの事情によって、時期的にもまちまちな形で、行われるに至っていたことが推測される。確かに幕府の禁教令はそれぞれの大名たちに無言の圧力を加えていたに違いないが、大名たちは家中や領国の状況を無視して、一律に厳重なキリシタン取締りを行うことなどしなかったのではないか。

むしろ領国それぞれの事情から、いち早くキリシタンの厳重な取締りのもとに大規模な迫害が行われる地域と、依然としてキリシタンが黙認され、宣教師の追放が表向きはなされるものの、取締りは本格化しない地域とが併存していたように思われる。さらに最近の研究では、幕府のキリシタン取締りが組織的かつ本格的に行われるようになるのは、島原の乱以後であったとの見解も出されている。たとえば大橋幸泰氏は、岡山藩をはじめ、諸藩の事例を検討し、島原の乱を起点に宗門改《しゅうもんあらため》が民衆統制策として整備されていくことを指摘しておられる。

加賀《かが》藩でも、有名なキリシタン武将である高山右近《うこん》が、豊臣秀吉からの棄教勧告を拒否して知行を奪われた後、前田家に預けられたことからキリシタンがかなり増加し、禁教令によって右近が国外に追放された後も、依然多くのキリシタンがいた。彼らが藩によって本格的な取締りを受けるようになるのは、島原の乱が鎮圧された後、幕府と藩との連携により開始された摘発以後である。

この当時の島原・天草でも対キリシタン政策は、幕府の威令によるというよりも、松倉・寺沢という大名個々の思惑、家中の事情によりなされていたと考えられる。島原では寛永二年（一六二五）以降、天草でも寛永六年以降は等しく厳重・過酷なキリシタン統制が行われるようになったけれども、その原因は幕府の禁教政策というよりも、それぞれの地域を統治する大名家中の事情に求めるべきもののように思われる。言い換えれば、キリシタンたちにとっては禁教令を発した幕府を相手取るよりも、直接地域の大名に働きかける方が、自らの境遇を変えていく上でずっと現実的で有効な手段にみえたということになる。キリシタンたちの武装蜂起の背景を考える上で、考慮すべき事柄といえよう。

飢饉と信仰

殉教か立ち帰りか

ところで島原地域では、松倉重政による組織的なキリシタン迫害により、前述のように寛永五年（一六二八）の時点でほぼキリシタンの勢力は逼塞してしまった。島原の乱が勃発するほぼ十年前のことである。同じく天草地域では寛永六年からキリシタンの大規模な迫害が開始された。その後の状況は分っていないものの、大規模なキリシタンの立ち帰りは、第一章でもみたように、寛永十四年になって起っていることをみれば、迫害によってかなりの期間キリシタンは逼塞を余儀なくされていたとみてよいだろう。とすれば、松倉・寺沢両大名の禁教政策は、キリシタン蜂起の背景の一つとはいえても、直接の要因とはいえないことになる。

常識的には、禁教に対する抵抗として島原の乱が起ったとみることは、特に問題がないようにみえるが、迫害政策とキリシタン蜂起との間にある十年近い時間的なずれを考えると十分な説明とはいえない。実際の経緯は、迫害政策によって多くのキリシタンが転んでしまい、しばらくの間キリシタンが社会の表面から姿を消して何年かを経てから、突然に立ち帰りが激増し、蜂起に至ったものと想定せざるを得ないからである。

島原の乱は殉教と関連づけて考えられることが多かった。たとえば高校の日本史教科書をみても、幕府の禁教令を説明し「多くの信者は改宗したが、一部の信者は迫害に屈せず、殉教するものがあとをたたなかった」として島原の乱を説明しているものがある。島原の乱即ち殉教というイメージが定着していることが改めて実感される。しかし迫害に抵抗をみせず、何年も経った後に突如蜂起する行為を殉教と見なすことは少々無理がある。殉教者は武力抵抗をしない代わりに、如何なる迫害にあっても公然たる信仰の主張をやめないのが普通だったからである。島原の乱を理解する上で重要と思われるのは、殉教への情熱ではなく立ち帰りである。乱の主役はあくまで立ち帰りキリシタンである。

ところで他に、島原の乱の要因とされてきたものには第一章でみた飢饉と重税がある。草木の根や葉を食料にしなければならない深刻な飢饉、そしてその窮状を無視するかのような「水籠」の拷問などによる年貢取立て、これがキリシタン蜂起の時期の、島原・天草地域の状況だった。だからこそ、禁教よりも飢饉と重税の方がより重要な乱の原因であるとする見方も説得力をもっているのである。しかし一方、第二章「宗教一揆の実像」でみたように、島原の乱はまごうかたなき宗教運動であった。飢饉・重税と宗教運動とはどのようにつながっているのだろうか。

キリシタンの葬礼

この両者の関連を示す貴重な証言がある。乱勃発を知った熊本藩が状況を探索するために島原城に派遣した熊本藩士道家七郎右衛門の報告である。七郎右衛門は十月二十八日に島原に到着し、島原藩士田中藤右衛門らと会って事情を聞き、さらに島原城内の様子や見聞したことを熊本藩の国家老に伝えている（『綿考輯録』）。七郎右衛門の報告の中に一揆側の主張を伝えたものがあり（『新撰御家譜』）、その一部は既に第一章でも触れたが（三九ページ参照）、改めてその内容の一部を少し詳しくみてみることにしたい。

①　敵方（キリシタン一揆）のいうところでは、現在の事態は人間の力で現出できるようなことではないし、まして日本人のこれまで知っているような事態ではない。やがて天から火が降ってきて、総てを焼払うと言っている。島原城に籠城した者の中にもこのことを聞いて納得しているようにみえる者がいたので、城中では、これは籠城した下々の者が城に火をかけて一揆に呼応する企みであろうと考え、さっそく下々の者を査問し、誅罰した。

②「四郎殿」という十七、八歳の人物が、あるいは天から降ってきたのだろうか、「最近は人々がキリシタンの葬礼をしないので、死者たちも浮かばれず、『天竺《てんじく》』でも殊のほかお怒りである。やがて天から迎えが来るからありがたく思うように」と説いている。そのせいか幾許《いくばく》も経たないうちに、海に火がみえ、クルス（十字架）がみえるようなことがあったため、浦々で皆が拝んだことがあった。

③　こうした説教は去年から行われており、そのため人々は、今年は麦を作付けすることもなく、我々はやがて死ぬことになるのだと取沙汰している。

④　一揆が島原城を攻撃した時も、一揆の者たちは、ただ死にさえすればよいと考えて、ひたすら攻めかかったということである。

最初の①が第一章で触れた部分である。ここでは②〜④に注目したい。キリシタンの葬礼を行っていないことが、死者の救済がなされないことのみならず「天竺」の「お怒り」の原因ともなっている、という天草四郎の説法が「天からの迎え」を予期させ、海に火がみえた、クルスがみえた、というような噂に人々が動かされている点が目につく。さらに去年からのこうした説法によって、終末を信じた領民たちがひたすら死を待つために麦の植え付けまでも放棄するという絶望的行動に出ていること、だからこそ一揆の島原城攻めにも捨て身で参加していることが注目される。

領民たちが色濃い終末観に囚《とら》われていることが分るが、終末到来の原因を領民たちが「キリシタンの葬礼を行わない」という点にあると考えていることは重要だと思われる。「天竺」の怒り即ち終末の到来は、キリシタンの宗旨を転んだために葬礼も仏式で行ってきたことの報いであるというわけである。終末の到来と棄教とは結びついていると領民たちが認識していたという事実は、第一章でみたような、終末の予言に促された蜂起が何故起ったかを、最も雄弁に説明しているように思われる。

非常時にすがる神

それにしても、単に説法のみで終末の認識が広まったとは思われない。「我々はやがて死ぬだろう」というような予測が広まるには、それなりに現実的根拠がなくては、説法も説得力をもつとは思われないからである。しかし現実的根拠はあった。既に何度も触れてきたように、この年は三年来の飢饉に見舞われていたのである。それに加えた拷問に等しい重税の取立てが行われ、飢えが人々を襲い、草木の根や葉で露命をつなぐような飢餓地獄が現出していたのである。何故このような困難に直面させられるかを自問した人々の脳裏に浮かんだのは、十年ほど前、迫害に屈してキリシタンの宗旨を転んだ苦い思い出だったのではないか。

何故かといえば、キリシタン信仰が盛んであった頃、人々は苦難に直面した折にキリシタンの信仰を拠《よ》り所にそれを乗り切ろうとしていたからである。第二章でみたように、天草大矢野の住民は一六一三年に旱魃に襲われた時、三日間の断食、十字架の前の苦行と祈禱を行った。この時は、幸いなことに三度にわたってたっぷりと雨が降り「新しい収穫に完全な救いがもたらされ」たのである。イエズス会宣教師はこのことによって「非常の場合にはデウスにすがるという必須の信頼」が生じたと記しているる（八三～八四ページ参照）が、現世利益をもたらす結果が生じたこと以上に、「非常の場合にはデウスにすがる」という方法が住民の間に定着していたことは重要と思われる。

また先ほどみたように、天草の住民は捕鯨により生計をたてていたが、不漁に悩まされた時には宣教師の勧めに従い、ザビエルの聖画像の前で主の祈りとアベ・マリアを五回ずつ唱えて漁に行った結果、驚くほどの大漁に恵まれた。この場合もまた重要なことは、現実に大漁がもたらされたこと以上に、困難に直面した時の対処法がキリシタンの信仰により与えられたことであると思われる。

困難に際して神にすがることは、俗に「苦しい時の神頼み」と称される現世利益の待望であり、低レベルの宗教上の欲求としてかたづけられることが多い。しかし宗教に対するこうした見方は、事柄の一面だけをみた偏った見方であるように思われる。何故なら困難に向き合うに際して、自力の努力しか意味をなさないことは、恐らくほとんどの現代人にとって自明であるにもかかわらず、その現代にあってさえ、自力以外の「神頼み」にすがる人々が厖大《ぼうだい》な数に上ることは、日常的に見聞するところである。

総ては自力にかかるという認識をもつこと以上に、自分自身の可能性への信頼が、困難に向き合う際の大きな要件となるのであり、信仰がものをいうのは恐らくこうした局面であると思われる。少なくとも信仰が、苦境にある者に勇気を与えるという形で力を発揮するであろうことは、とりたてて異議を唱えるべき想定とはいえないであろう。そしてこのようにみた場合、島原・天草で飢饉に遭遇した人々の落胆は想像に難くない。何故ならば、彼らは「非常の場合に」すがるべきものと、かつては確信していた神への信仰を剝奪されていたからである。

近代科学による諸情報、たとえば農作物の収穫に関する予測、気象状況などの予測や、不作に対処する手段についての情報などを、いっさい提供されないまま飢饉に放り込まれた人々の危機感を想像されたい。そうした情報、手段がかつてなかったほど豊富に提供される幸運に恵まれていてさえ、地震や津波などの天災にあたっては、結局のところいまだに決定的な救済手段など手にしえていない現代人にとっても、彼らが陥った絶望は察するに余りある。そうした状況でかつて心の底から信頼してきたキリシタンの宗門を想起したとして何ら不思議はないだろう。

飢饉という非常事態に際して、今や禁断の果実となったかつての信仰を回復することがこの危機を打開する、困難にして唯一の方法と考えたとしても不思議ではない。こう考えて初めて「キリシタンの葬礼」をしないことによる「『天竺』の怒り」が飢饉を招いたとする、人々の終末観を理解することができるように思われる。「天候不順・凶作・飢饉・領主の苛政や重税」を「棄教したことに対する天罰」と考え、これを「バネとしてキリシタンへの復宗運動が起こった」という鶴田倉造氏の指摘は、大きな説得力をもっていると思われる。

キリシタンの奇蹟

上記のような見方に対しては、恐らく異議が少なくないに違いない。特にキリシタン信仰が「非常の場合に」すがるものであるという点については、単に現世利益の面だけから捉えた見方であると批判するむきもあろう。確かに現実のキリシタン信仰は様々な側面をもち、現世利益の面のみを重視するのは偏った見方との批判を免れないだろう。しかし筆者がこのような点を重視する理由は第一に、先ほど述べたように、現世利益を単なる物取り信心と割り切ることは困難に向き合う勇気という、信仰の精神的側面を見落とす危険があると思うからである。また第二に、キリシタン信仰の受容の歴史において、上記のような現世利益は無視できない比重をもっているからである。

岡田章雄氏は、宣教師たちが表立って現世利益を説いたわけではないにもかかわらず、信仰の中身には現世利益の色彩が色濃く認められることを指摘され、特に戦場における信仰習俗、医療に関する信仰習俗にこの点が顕著に認められることを指摘しておられる。戦場にあってキリシタンの武士たちはしばしば十字架やイエスの名を入れた旗印、指物、イエスの名やキリストの十字架を表した金・銀のメダルをつけた冑《かぶと》などを携行していた。織田信長の武将の一人は指物に樹皮で拵《こしら》えた十字架を縫い付けており、その功徳により咽喉《のど》に銃弾を受けたにもかかわらず怪我《けが》がなかったと信じていたという。またキリシタン大名の大村純忠は宣教師コスモ・デ・トルレスから贈られた十字架を戦場に携行していた。ほかにもLOVVADO SEIA O SÃCTISSIMO SACRAMENTO（いとも尊き聖体の秘蹟はほめ尊ばれ給え）との聖句を記した、島原の乱のものと伝えられる聖杯の旗が想起されよう。キリシタンの十字架、数珠、イエスの名などは、何よりも戦場での守りとして受容されていったのである。

天草四郎のものとされる陣中旗　天草キリシタン館所蔵

医療もまた、キリシタン信者を獲得していく上で絶大な効果を発揮した。宣教師たちは日本にある薬品とヨーロッパにある薬品の最良のものを携帯し、信者に投与したが、最も一般的に行われたのは聖水を用いた呪術的医療であった。聖水とは洗礼の水など、浄められ神聖視された水のことであるが、これを服用すれば難産の女性は産を軽くすることができ、乱心した者も、悪魔に憑《つ》かれた者もこれによって救われると考えられていた。同様のものとしては、ザビエルが信徒たちにジシピリナ（鞭打ちの苦行）の鞭を記念として渡し、熱病に罹《かか》った者もイエス、マリアの名を唱えながら、五度身体を鞭打てば必ず癒《い》えると教えたことがある。ザビエル自筆の祈禱文を首にかけて病気が治ったという逸話もある。

岡田氏は、これらの信仰習俗が日本の伝統的なそれと酷似していることに注目されている。たとえば戦場での守りは八幡大菩薩《はちまんだいぼさつ》や摩利支天《まりしてん》など、武士が守護神と頼む神の表象を旗印、指物、冑、刀、軍扇などにつける習俗のキリシタン版ともいうべきものであるし、「聖水」などは神聖化された水や仏寺での祈禱を医療に用いる日本中世の医療習俗に酷似している。一般に宗教の教理内容と信仰とは分けて考えるべきものであり、キリシタン信仰の受容に際しては教理内容とは一見かけ離れてはいるものの、日本の伝統的なものに一致する信仰習俗が大きな意味をもったと論じられている。

島原・天草の信仰習俗

岡田氏の研究に導かれながら、キリシタン信仰の実態をみてきた。実際のところ、これまでみてきたような、現世利益への指向は、島原・天草地域で少なからず見出すことができる。有馬晴信が統治していた頃の有馬地域では、悪魔祓いが行われていた。ある時「悪魔がとりついて」失神した娘を家に連れ戻そうとしたところ、恐ろしい力で家に入るまいと抵抗したので、十字架をとって娘の頭の上に置いたところ、娘は「出てゆくぞ、出てゆくぞ」と大声で叫び、我に返って回復した。その噂が世間に広まったため異教徒の幾人かが件《くだん》の「娘とともに公教要理を聴いて洗礼を受けた」という（フロイス「一五九〇年度・日本年報」『十六・七世紀イエズス会日本報告集』第一期一）。同じ頃天草でも「悪魔によってひどく悩まされ苦しめられて」いたために「いつも病床についていなくてはならなかった」異教徒の尼が、洗礼を受けたことで「悪魔によって二度とわずらわされることがなくなった」という（同上）。

また同じ頃、やはり有馬地域で重病の娘が信仰の力で治ったことが報告されている。病身の娘を抱えた一老女は、救世主の画像の前で娘の平癒を祈り、娘の方も枕元《まくらもと》の頭上につるしてあった聖母の画像に祈った。その時、娘は画像のマリアが出てきて

「自分の胸の上に止ったように思われた」後、健康を回復したという（フロイス「一五九一、九二年度・日本年報」『十六・七世紀イエズス会日本報告集』第一期一）。このことを母娘から聞いた司祭は、母娘の身の上に起った事件に加え、多くの病人が聖水で健康を回復していること、福音書の朗読だけで健康を回復した幼児の事例などもフロイスに報告したという（同上）。

同様のことは小西行長の領国でも起っており、長患いに苦しんだキリシタンが秘蹟を受けて病気から解放された例もある。この男は八年以来の重病に苦しんでいたが、キリシタンとなって日が浅いために、いまだ許されなかった「至聖なる秘蹟」を受けることを司祭に懇願したため、司祭は願いを聞き入れたが、秘蹟を受けた後「二度と既述の病に罹ることがなく、今では健康を取り戻してたくましくなって」いるとの報告がある（「一五九九―一六〇一年、日本諸国記」『十六・七世紀イエズス会日本報告集』第一期三）。

また寺沢広高が入部して以降の天草でも同じようなことが起っている。重病に罹り死を予感した、とある領主がキリシタンに帰依して病を克服した。「幾つかの城を支配している重立った人」であった彼は、広高の迫害を懸念する息子に司祭を呼ぶよう依頼し、息子、母、妻はじめ一族ともども洗礼を受け、短期間で悲惨な病状から回復した（ジョアン・ロドゥリーゲス・ジラン「一六一一年度、日本年報」『十六・七世紀イエズス会日本報告集』第二期二）。同じ報告の中で「聖水を飲んで多くの信者が三日熱から救われていた」ことも報告されており、「聖水は通常三日熱の治療に用いられ」ていること、「教会で一晩中寝ずに祈りを捧げ我らの主によって健康を回復した者」の存在も報告されている。

こうした事例は枚挙に遑《いとま》がないものであるが、最後に幕府の禁教令下でも起った同様の事例に触れておきたい。有馬の出身でキリシタンに嫁ぎ、天草に住んでいたある女性が、夜に白衣の「尊敬すべき老人」が出現するのをみて、その老人から受洗を勧められたにもかかわらず、入信しなかったため、病気に罹ったが、マリアの姿を幻にみて健康を取り戻した事例が報告されている。老人から三ヵ月以内に受洗す

マリア観音像　安政三年長崎奉行所収納。17世紀。東京国立博物館蔵。重文

るよう勧められた後、一ヵ月ほど経って雷鳴を聞き、火をみた時、彼女は重病に罹り、「真黒なエチオピア人」に責められる幻影をみてしばしば呼吸困難に陥ったものの、「三歳の幼児を胸に抱いた非常に美しい姿の婦人」の幻が現れたため、受洗の準備を決意し、まもなく以前の健康を回復した（ジェロニモ・マジョリカ「一六二一年度・日本年報」『十六・七世紀イエズス会日本報告集』第二期三）。

「進んだヨーロッパ」？

以上みてきたような島原・天草地域の信仰の実態について、当時の日本人が宣教師の高度な宣教についていけなかったのではないか、伝統的・封建的な当時の文化状況に規定された特殊事情を示すものではないか、あるいは「宗教心の乏しい」日本人は、しょせん現世利益しか理解できないのではないか、などと考えるむきもあるかもしれない。もちろん日本の文化的・社会的状況によって、キリシタン信仰の受容のされ方に大きな影響が出てくるのは当然であろう。しかし当時の日本人の「宗教心」を同時代のヨーロッパ人のそれとは全く別物として、特殊化してみることも偏った見方だと筆者には思われる。

そもそも先にみた、有馬地域のキリシタン少年が所持していた「神的なアグヌス・

デイ」（『アニュス・デイ」とも）は現世利益的性格の強いものであった。これはイエス・キリストを表す子羊を小さな蠟の円盤に押印したものである（現代では十字架とAgnus Deiの文字を刻印した容器に入ったものが販売されている）。ローマ教皇自身の手で聖別されたこの蠟細工は、天災・病気・難産などに際しての祈禱のために用いられた。教皇が登位した年とそこから数えて七年目ごとの年に盛大な聖別の式が行われたが、それ以外の場所・手段で製作されることは厳禁されていた（『カトリック大辞典』）。

H・W・スミスによると、これは嵐、特に雷から身を守るために目を見張るような効果があるとされ、また疫病やその他様々の魔術を防ぐ効果ももつ護符とされていた。それゆえたちまちのうちに広範に知られるようになり、その偽造品までが出回るようになったため、とうとう一四七一年に教皇勅令で、聖別の権限は教皇のみ独占することが規定されたという（『人間とその神々』）。お守りという現世利益のために、呪力をもつアグヌス・デイの贋造《がんぞう》品を求める、十五世紀後半のヨーロッパ民衆の信仰が、「聖人の遺物や祝別されたコンタツ（数珠）や御像を深く敬って所持し」「一つのアグヌス・デイ、一つの御像、もしくは一つの祝別されたコンタツを入手するために……敬虔な執拗さをもって」宣教師に随行する（フロイス『日本史』第二部第三〇章）日本のキリシタンのそれと比べて大差があるものとは思えない。

これまで十六世紀のキリシタン文化の受容について、ヨーロッパの先進文化、特に科学知識の受容のなされたことが重視されてきた。確かに大砲、鉄砲などの火器、あるいは地球が丸いことを知ったヨーロッパ人の航海技術などはそうした部類に入るであろう。しかしこれを十八世紀以降の近代科学のように、体系的な宇宙観・世界観に基礎づけられたものとみることは事実から離れた想定だと思われる。当時のヨーロッパの科学は、キリスト教的・神学的宇宙観からみれば体系立っていたとしても、近代科学を知る現代人からみれば、近代科学の萌芽《ほうが》をもつ学説と、中世的な魔術との混合物であったことが指摘されている（山本義隆『重力と力学的世界』）。

周知のように、近代科学の祖型となったニュートンの力学が生み出される際の基礎になったのは、ケプラーの天体に関する研究であるが、そのケプラーの師であったチコ・ブラーエは、一方では近代精密実証科学の観点からも意味をもつ観測データを初めて集めた当時第一線の天文学者であるとともに、他方では占星術の信奉者であった。彼はコペンハーゲン大学で行った講演で、次のように述べたという。

火星と金星が出会うと雨が降り、木星と水星とが出くわせば雷電風雨となる。またもしこれらの遊星の出現が特定の恒星と一緒になるときにはその作用が一層強められる。（中略）これは日常の経験からよく分ることである。一五二四年にあんなに雨が多かったのは、当時魚星座に著しい遊星の集合があったためである。（中略）また一五六三年に、土星と木星とが獅子《しし》座においてしかも蟹《かに》座のおぼろな諸星のすぐ近くで会合した、その時にどんな影響があったかを忘れる人はあるまい。既に昔プトレマイオスはこれらの星が人を窒息させ、また疫病をもたらすものだとしているが、まさにその通りに、これに次ぐ年々の間欧州では疫病が猖獗《しょうけつ》を極めて数千の人がそのために墓穴に入ったではないか。

（アーレニウス『史的に見たる科学的宇宙観の変遷』Ⅵ章）

ケプラーの学説の基礎をつくり後世「天文学者の王」と呼ばれたブラーエはまた、一種の天動説を主張してコペルニクスに反対したという（同上）。時代に先んじた天文学の学識に加え、占星術への信仰と天動説とがこの天文学者の頭脳に同居していた。先駆的な科学的知見とキリスト教神学や中世的魔術との混在は、百年ほどあとに出て、錬金術の研究などにも情熱を傾け、後世「最後の魔術師」と呼ばれたニュートン（前掲『重力と力学的世界』）にもみることができよう。

ブラーエは一六〇一年に死去した。日本で宣教したイエズス会宣教師たちの同時代人であった、この先駆的天文学者の実像からみれば、宣教師の医療がおおむね「聖水」を用いた呪術的なものだったことは何ら驚くにあたらない。確かに近代科学の目からみた場合、日本のそれに比べて先進的な、たとえば地球は丸いというような科学的知見を宣教師たちが有していたことは確かであるが、その知見は神学や「聖水」の呪術と矛盾することなく同居していたと思われる。当時の日本人が、近代科学に触れた十九世紀の日本人と同様の感動と、ヨーロッパ人への崇敬の念を懐いたとは思えないし、日本の僧侶や山伏の学識を、宣教師のそれがはるかに凌《しの》いでいると感じたかどうかはなはだ疑問である。人々がキリシタンの宗旨を選んだ理由は、主に信仰と現世利益をもたらす呪術の次元で考えるべきもののように思われる。

第四章　一揆と城方との抗争

島原でキリシタンの一揆が蜂起したという知らせは大坂に達した。大坂城代阿部正《まさ》次《つぐ》、京都所司代板倉重宗《しげむね》はとりあえず十一月六日、九州諸大名家に外部からの武器・米、それにキリシタンが有馬に入らないように監視することを命じた（『綿考輯録』）。また九日に九州諸大名家に、おのおの領内で、島原の一揆に心を合わせて蜂起する者があれば死罪に処すべきこと、キリシタンの蜂起があれば幕府の命令を待たず誅伐すべきことを指示した（同上）。同日に熊本藩に対しては、天草キリシタン蜂起の報をふまえ、さらにキリシタンが蜂起したら加勢を派遣せよ、島原の一揆については幕府の指示を待たなければならないが、それ以外の動きについては幕府の命令を待っていては間に合わないからその地域で討伐すべき旨を指示している（同上）。

幕府の命令なしの軍事力行使を禁じた「武家諸法度」に触れかねない指示であり、夙に阿部正次の英断とされてきた。しかし何といっても原則的には「武家諸法度」は絶対で、島原・天草の一揆に対する本格的な軍事行動は禁止されていたため、幕府の命令を帯びた上使《じょうし》らが到着するまで、島原・天草藩士たちは自力で一揆と対峙・抗争しなくてはならなかった。一方、一揆方にとっては、それまでに決着をつけることが唯一活路を開くチャンスであったことになる。十一月下旬に幕府上使板倉重昌《しげまさ》・石谷《いしがい》貞清《さだきよ》らが到着するまでの、一揆と城方の動きをみていこう。

幕府軍の派遣

一揆大将天草四郎

有馬地域の一揆は、何度か島原城攻めを行った後、それぞれの在所へ撤退して談合を行い、天草四郎を擁立してキリシタンの務めに従うことを決定し、村ごとに一人ずつ使いを立てて四郎のもとに派遣した（『山田右衛門作口書写』）。使者たちが四郎に対し、以前に「宗門を転んだ」ことを後悔していること、今後は四郎を「キリシタン大将」に擁立してキリシタンの宗旨を守ることを伝えたところ、四郎は「自分は大将として方々へ押寄せ、キリシタンにならない者は誅伐して宗門を守るつもりであるから、どこへ攻めるにも命令には従ってもらう」と指示し、村々で従軍する人数を書きたてることを指示した（同上）。

この頃天草四郎は大矢野の宮津《みやづ》というところに七百人ほどの人数を従えて、キリシタンの拠点を維持していたが、島原の村々から人数の書立を四郎に提出したところ、四郎は四十~五十人ほどの配下を連れて島原の大江に渡ってきて、長崎攻めを提案した（同上）。即ち、まず長崎へ一万二千ほどの軍勢を二手に分けて派遣し、日見峠、茂木峠を押さえて長崎に対し、キリシタンへの改宗を迫り、拒否した場合は軍勢を派遣して放火、殺害を行って制圧し、それから島原城を攻めるという手筈《てはず》が、評定の結果決定されたという（同上）。

天草四郎像　北村西望作。原城本丸跡。著者撮影

長崎は重要な都市であり、恐らく島原に最も近い幕府の拠点であった。十一月十四日、唐津藩の軍勢とキリシタン一揆とは本渡で戦い、唐津藩勢は敗走して富岡城に籠城を強いられることになる。後にまた触れるこの合戦について、唐津藩士の陰山仁右衛門という武士が、島原の乱後の寛永十七年

（一六四〇）に、乱中の行動を書上げて報告しているが、そこには敗れた唐津藩士が、長崎へ行って味方を集めようと提案したことが記されている（「陰山仁右衛門書上」『寺沢藩士による天草一揆書上』、後述）。

本渡の戦いで敗れ、富岡城へ撤退する途中で、仁右衛門らは既に富岡城は落城したとの報（実は誤報）に接した。そこである主だった武士がこの上は長崎へ行こうと提案したのに対し、仁右衛門はともかくも天草で戦おう、但し家族の女性や子供をここに置いておいて、敵方に間を引き裂かれでもしたら外聞が悪いので女性・子供を長崎に預け、天草に戻ろうと提案し、その通りにしたという。長崎が幕府方にとって重要な都市であり、藩士にとっては安全な都市でもあったことが窺えよう。

その、幕府にとって重要で、藩方にとっては安全である長崎を攻略することが大きな展望につながるというのが天草四郎の戦略だったと想像される。しかし結局これは実現しなかった。出陣の矢先、天草の上津浦から、富岡城代三宅重利が近隣の島子（現・天草市有明町）、志柿《しかき》（現・天草市志柿町）まで軍勢を率いてやってきており、加勢をお願いしたいとの要請があったからである。結局四郎は急遽《きゆうきよ》二千五百ほどの人数を率いて島原から天草に帰ることになった（『山田右衛門作口書写』）。

戦いのカリスマ

以上は山田右衛門作の証言であるが、四郎が一時島原の大江に行っていたことについては別のところからの証言もある。熊本藩が大矢野へ派遣した使者が持ち帰った情報が十一月十二日宇土郡奉行より報告されている（『新撰御家譜』）。それによると益田甚兵衛とその子四郎（つまり天草四郎）は留守で島原の大江というところにいたが、大矢野から早くこちらに帰るよう昨晩舟で使者を派遣したので、今日は天草の湯島まで帰っている。今晩大矢野に戻るだろう、との情報が記されている。天草四郎の、少なくとも足取りに関しては右衛門作の証言と一致している。

ちょうどこの頃、第一章でみたように、熊本領江部にいた天草四郎の親族を天草に連れていくために、大矢野村庄屋渡辺小左衛門と妹婿小兵衛ら六人が郡浦に潜入したところを捕えられている（四四〜四五ページ参照）。熊本藩ではこの人質を利用して、渡辺小左衛門らと交換に益田甚兵衛・四郎父子を呼び寄せるために彼らに手紙を書かせ、大矢野と連絡をとっていた。その中でこのような情報が得られたのであり、右衛門作の供述と符合する点からみて確度の高い情報といえよう。

しかし一方、島原の一揆が蜂起し、島原城を攻めた時、天草四郎は既に島原にいたとの情報も流れていた。天草四郎という「キリシタン大将」が天草からやってきたために、松倉重政の時代には転んだキリシタンが立ち帰ったとの風聞が流れ、天草でも四郎が島原へ行ったとの風聞が立っているが正確なことは分らないと、後述する松倉家の使者が豊後目付の牧野成純《しげずみ》と林勝正（この二人は豊後府内藩に「お預け」となった福井藩主松平忠直《ただなお》の監視のため派遣されていた）に報告したという（『島原日記』）。同様の噂は福岡藩士たちも聞いており、十一月六日に国家老に報告している（『天草陣雑記』）。また天草四郎は「キリシタンの仏の絵」を旗指物にしていて、昼間は天草の松原にいるものの、夜な夜な「百姓」たちを率いて島原を攻めたという情報もあった（『岡山藩聞書』）。

天草四郎に関する情報はこのように錯綜《さくそう》していて、どれが事実か判断に迷う。山田右衛門作の供述が最も信憑性があり、恐らく事実なのだろうが、島原のキリシタン蜂起に際して、その場に天草四郎がいたとの風聞があちこちで聞かれたことは注目に値する。既に四郎は人々の間で、立ち帰りキリシタンの頭目として、一揆はもちろん敵方からも、カリスマ的存在に祀り上げられていたのだろう。島原・天草のキリシタン一揆は、ともかくもまず天草で、唐津藩軍と対決することになった。

一方、一揆の攻撃がひとまず止んだ島原城では、松倉家の家老たちが、広瀬吉右衛門に書状を持たせ、豊後目付に注進した。吉右衛門は十一月二日に豊後目付に拝謁し、島原の様子を語った（『島原日記』）。これに対して豊後目付から、江戸から第一報が届くまでは、島原城を堅固に持ちこたえよ、また近国・隣国へも、一揆が領内に入れば加勢して攻撃するよう指示してあるので、安んじて対処せよと申し渡した。吉右衛門は、現在のところ一揆は自分たちの在所在所に引き籠っているので、城中から打って出ない限り、一揆も別段の行動はしないだろうと報告したという（同上）。

確かに城方にとって、戦況は小康状態を迎えていたらしい。しかしあくまでも吉右衛門の報告にあるように、「城中から打って出ない限り」の話であって、そもそも島原城から一揆の在所に出撃するなど問題外であったようである。十一月初旬に佐賀藩から藩士福地六郎右衛門が島原城を訪れ、家老の田中宗夫・岡本新兵衛らから聞いた実情を九日に藩に報告しているが、家老たちは城から出撃できない状況を次のように語ったという。

松倉重政が有馬に入部した時、譜代の侍をおよそ五百人ほど連れてきたが、数十年の間に老死したり隠居したりして、その子孫たちもやはり総勢五百人ほどである。そのうち二百人は松倉勝家が江戸に連れていき、城中には三百人ほどしかいない。そのうちたとえば二百人を岡本新兵衛・多賀主水らが引き連れて出撃したとすると、城内を守る譜代の侍はわずか百人になる。一方、領内から島原城に避難してきた奉公人や郷人は全部で千四百〜千五百人にも上るだろう。もし譜代の侍が百人に減少すれば、彼らが寝返って城内に放火することは火をみるより明らかである。だから無念至極ながら出撃は叶わないのである、と(『諫早有馬記録』)。

第一章でも触れたように、この時代になっても戦国時代と同じく、大名の城は、敵の来襲の際に領民が安全を求めて逃げ込める避難所であった(二三〜二四ページ参照)。別の言い方をすれば、敵に内通する可能性のある領民でも、味方するといえばよほどのことがない限り拒むことができなかったということになる。特に敵がキリシタンの一揆であり、かつてキリシタン大名の支配が行われ、領民の多くがかつてキリシタンであった島原の場合、城内に避難した元キリシタンは無視できない比重を占めていたに違いない。島原藩士たちは、味方として城内に避難した領民を従わせるだけで手いっぱいだったのである。

一方、一揆方も、島原で十分な活動のできる勢力を置いておくわけにはいかなかった。既に述べたように島原からはかなり大量の一揆勢が、天草四郎に従い、寺沢軍との合戦に向っていたからである。同じ九日に鍋島家国家老多久茂辰が送った書状によれば、こちらから偵察に送った使者に対し、一揆は出遭っても特に咎めるようなことはしていない、という（『有馬一揆扣』）。さらに千々石・小浜から有馬・有家への道筋は、今のところ自由に通行できるし、一揆方も城構えをするような気配はなく、在所在所にある島原藩の米蔵にも、一揆は手をつけていないと記されている（同上）。戦局がどうなっていくか、焦点は天草に移っていたと考えられる。

幕府の討伐命令

島原のキリシタンが蜂起したことを注進する豊後目付の報告は、十一月九日江戸に達した。さっそく上使として板倉重昌と石谷貞清とを派遣することが決定され、島原藩主松倉勝家と豊後府内藩主日根野吉明《ひねのよしあきら》とは事態に対処するために領地へ帰国することが許され、また佐賀藩主鍋島勝茂、唐津藩主寺沢堅高には、領地を守る留守居たちに同国の誼で、松倉家中が苦戦を強いられた場合は加勢するよう指示することが命ぜられた（『江戸幕府日記』）。

また熊本藩細川家、筑後《ちくご》国柳川《やながわ》藩立花家、同国久留米藩有馬家、豊後国岡《おか》藩中川家、同国臼杵《うすき》藩稲葉家、同国日出《ひじ》藩木下家から、当主が江戸にいるにもかかわらず留守居の者たちが、加勢が必要かどうかを問い合わせて来た旨、豊後目付から注進があり、将軍徳川家光は「武家諸法度」が遵守されていることに「御機嫌なのめならず」満足の躰《てい》であった（同上）。鍋島、寺沢の軍勢でも足りない場合には上使の命令次第に、熊本藩の軍勢も出陣するよう家光の命令があったと、藩主細川忠利は翌日に国元に指示している（『新撰御家譜』）。家光は「昔の一向宗のように」長崎をはじめ広域に蜂起が拡がることを懸念しているのだと忠利は記している（同上）。

続いて天草でもキリシタンが蜂起したことが十一月十二日頃に江戸へ伝わったらしく、細川忠利は仙台《せんだい》藩主伊達《だて》忠宗《ただむね》にこの日天草の蜂起を伝え、キリシタンのことであるから、遠く離れた国にもどのような働きかけをするか分らない、貴殿の御国も転びキリシタンを監視された方がよろしい、わが藩では既に元キリシタンが立ち帰るかどうか監視していると伝えている（『綿考輯録』）。

細川忠利の母はガラシア（明智光秀の娘）、著名な篤信のキリシタンである。忠利の父は忠興《ただおき》であり、忠興の親友であったキリシタン武将高山右近から聞いた話を、忠興がガラシアに残らず話して聞かせたことがガラシア入信のきっかけであった。信仰に対する夫の理解の中で、ガラシアはもちろん、三人の子供たちもキリシタンになったことが、ヨハネス・ラウレス氏により明らかにされている。こうした事情から忠利は、自身がキリシタンではなかったものの、キリシタンの事情にはよく通じていた。

キリシタンは遠く離れた国にも働きかけのできる広域の組織をもつという認識も、いち早く元キリシタンを監視するという対処も上記のような背景から生れたといえよう。実のところ、通常考えられる以上に、キリシタン信仰がかつて身近であった大名・武将たちは多かったのである。

この頃には幕府も同様の情報をつかんでいたのだろう、十三日に、前日に大坂と豊後目付から継飛脚《つぎひきやく》が到着したのを受けて、豊後目付・大坂・京都へ継飛脚を発遣している（『江戸幕府日記』）。さらに十四日、熊本藩細川家、筑前国福岡藩黒田家、肥前国福江《ふくえ》藩五島《ごとう》家、日出藩木下家、臼杵藩稲葉家、岡藩中川家、延岡《のべおか》藩有馬家、柳川藩立花家、佐賀藩鍋島家、久留米藩有馬家ら九州諸大名に親族を下国させることを命じた（同上）。さらに肥後国人吉《ひとよし》藩相良頼寛《さがらよりひろ》、日向国飫肥《おび》藩伊東祐久《すけひさ》、平戸藩松浦《まつら》鎮《しげ》信《のぶ》、唐津藩寺沢堅高、豊後国森《もり》藩久留島通春《くるしまみちはる》、日向国高鍋《たかなべ》藩秋月種春《あきづきたねはる》に領内の事態に対処するため帰国を許した（同上）。

さらには十五日、二日に長崎より発せられた、島原でのキリシタン蜂起にもかかわらず長崎は無事であるとの報告を受け、長崎奉行榊原職直《さかきばらもとなお》、馬場利重《としじげ》が「いよいよの御仕置のために」派遣された（同上）。長崎ではこの日代官末次平蔵《すえつぐへいぞう》茂房が大坂城代の配下曾我《そが》又左衛門に対して町も在郷も「御法度を守って」キリシタンに立ち帰る者もないこと、島原領内のキリシタン一揆の親類・縁者が代官所へ出入りして不法行為をしないように出入りの者を査問していることを報告している(『島原日記』)。家光が「長崎を始め」各地で「昔の一向宗」即ち本願寺門徒の一向一揆のように広域の活動を始めることを訝《いぶか》り、一方の一揆大将天草四郎も長崎の制圧を提案したように、長崎は幕府方にとっても一揆方にとっても枢要の地であったようである。

本渡の合戦と富岡城攻防

三宅重利の戦死

唐津よりの軍勢は十日頃天草に到着したらしい。熊本藩では七日の時点で、やがて唐津藩軍が到着し、一日二日のうちに一揆の拠点となっていた上津浦へ攻め込むものと予想し、鉄砲の音がしたら注進し、さらに小船を派遣して偵察し、様子を知らせること、その際、偵察船を利用して天草へ渡る者のないように、三角の役人に指示している(『御家中文通之内抜書』)。

天草の富岡城でも戦闘態勢を整えていた。鍋島家に対し、唐津藩士高畠《たかばたけ》七右衛門は、領地の村ではキリシタンの頭目を摘発・処刑し、また改宗を勧めに周囲の村々へやってきたキリシタンを捕え、火炙りにするなどキリシタン摘発に努める一方、天草中の村々から百姓の人質を取り、富岡城へ置かせたと報告している（『勝茂公譜考補』）。同じ報告は約三千人の軍勢が五日に唐津を立ち、十日に到着するはずだと述べている（同上）。

こうして天草にいる藩軍に唐津からの藩軍を加えた富岡城方の軍勢であったが、十四日、島子・本渡でキリシタン一揆と交戦し、富岡城代三宅重利はじめ有力な寺沢家家臣が討死するという散々の敗北を喫し、富岡城に籠城することになった。十四日に栖本にいる唐津藩の代官石原太郎左衛門より、本渡で合戦中であり、加勢を頼む旨、熊本藩士のもとに急報が届いている（『島原日記』）。

やがて、天草の小宮地《こみやじ》（現・天草市新和町）から五十人ほどの落人がやってきたことを熊本藩の平野源太左衛門が十七日に報告している（『御家中文通之内抜書』）。落人らが語ったところでは、島子でキリシタン一揆と藩勢がぶつかった時には、キリシタン勢三千か四千人に対し、唐津からの兵は約六百、本渡の人数と合わせても二千くらいであり、藩方は敗勢になり、三宅重利は本渡で討死したかもしれないとのことであった（同上）。この分では数日の間に天草はキリシタンにより制圧されてしまうだろうし、そうなれば熊本領の浦々にも攻めてくるともっぱら噂されていると、落人らは語ったという（同上）。

同日やはり熊本藩士井口少左衛門は天草のうち御領村の内蔵丞の証言により、三宅重利の討死を報じている（『御書奉書写言上扣』）。本渡の合戦で三宅重利は家来の兵右衛門とともに討死し、一揆は二人の首を晒し物にしたという（同上）。内蔵丞は重利領内の住民であったから梟首《きょうしゅ》されている場所で手を合わせた。唐津から派遣されたおよそ千五百の軍勢も雑兵七十～八十人が討たれ、残りは富岡城へ撤退したという（同上）。十七日の朝には一揆は早くも富岡城へ攻撃をしかけているはずであり、天草中はほぼキリシタンに立ち帰り、富岡城から三里ほど離れた二江に三千～四千ほどのキリシタン勢が集結しているというのが、内蔵丞のだいたいの報告である（同上）。

十九日には熊本藩島又左衛門らが三角へやってきた船頭の話を注進している。この船頭は橋本五郎左衛門という唐津藩士を乗せたため、戦いの様子をよく知っており、それによると三宅重利をはじめ、佐々《さっさ》小左衛門、林又左衛門ら、二百石、三百石もの知行を取っているような武士が数人討死し、残りは富岡城に籠城したという（『御家中文通之内抜書』）。十八日にはキリシタン一揆が富岡城を攻めたけれども、この時点ではいまだ持ちこたえているとのことであった（同上）。唐津藩勢は富岡籠城を強いられることになった。『島原実記』によると三宅重利をはじめ、五人の者が梟首された獄門に立札が立てられ、「この五人の者どもは、キリシタンに敵対し、デウスの『冥慮《めいりよ》』に背いたので刑罰を加えた」と記され、一揆の頭目二人の署名が加えられたという。キリシタン一揆が天草を制圧したことが窺えよう。

「百姓」の戦闘

以上のような藩軍の惨憺たる敗北については、当時の言葉で「百姓」と呼ばれる領民の動向が決定的な意味をもっていた。熊本藩宇土郡奉行が、十八日に天草から来た落人の証言として次のように報告している。一揆の主力は上津浦・須子・赤崎・下津浦・小島子・大矢野のキリシタンと、島原から七十艘《そう》ほどの船を連ねてやってきた加勢の者からなる軍勢であり、これが三宅重利率いる軍勢の陣所に来襲したため、両者の間で激しい合戦が行われたが、その折に島子・御領・佐伊津《さいつ》の「百姓」たちが寝返って在所に放火したので、藩軍は劣勢となったという（『御家中文通之内抜書』）。

軍勢同士の戦いをみて、有利な方につくのは戦国時代以来の村の戦い方であり、大名の軍勢に対して村の領民が寝返ることはしばしばあった。特に御領村の村民がキリシタンではなかったにもかかわらず、一揆に制圧された結果、キリシタンへの改宗を強制されていたことは既にみた通りである。村民の生き残りをかけて強い方、勝ちそうな方に味方することは、村として当然の行動であった。そのような事態を予想したから、唐津藩側も村々から富岡城に人質を取っていたのである。戦闘に際して村々を組織することが重要なことは第一章でみた島原城の場合のように、天草でも同様であった。ここにも依然として戦国の気風が健在である様子がみてとれる。

　そもそも唐津藩側の軍勢も、武士だけから構成されていたわけではない。戦国大名の軍勢は、仮に百人の兵士がいても騎馬の武士はせいぜい十人に満たない、というのが実態であり、あとは雑兵と呼ばれる人々であった。この雑兵たちは、身分的には「百姓」と呼ばれる平民、つまり動員された村の住民、他に食べていく手段がなくて軍勢に身を投じた流民などから構成されていたことが、夙に藤木久志氏により指摘されている。そして唐津藩が派遣した軍勢も多分に洩《も》れなかった。

　唐津藩士中島与左衛門は自分に配分された鉄砲隊二十人に加え、「百姓ども」四百人を率いて出陣し、島子に陣取った。そこにキリシタンの一揆三千人ほどが襲撃をかけてきたところ「何分百姓のことなので」ことごとく逃げ散ったため、与左衛門も仕方なく本渡の味方の陣まで撤退したという（同上）。これは天草から落ちのびてきた、与左衛門の水夫を務めた者の証言として、戦闘の三日後に熊本藩士松崎助右衛門によって行われた報告である。しかしこのような例は他にもみられる。

島原の乱後の寛永十七年（一六四〇）に、戦闘に参加した寺沢家中の武士たちが、当時の戦闘について証言した記録が伝わっている。この記録は、寺沢光世、鶴田倉造両氏により『寺沢藩士による天草一揆書上』として刊行されている。前に触れた陰山仁右衛門の証言もその中の一つであるが、それによると天草新介という武士は在所在所にいる自分の譜代の家来の他、十人の「百姓」に鉄砲をもたせて、三十人余りで出陣したという。その「譜代の家来」の一人であった本渡村の「百姓」惣兵衛は一揆が陣を置く上津浦に、命令により偵察に出向いている。また横野弥三右衛門も、河内浦《かわちうら》（現・天草市河浦《かわうら》町）の「百姓」に鉄砲をもたせ、中島与左衛門の手に属して出陣したという。吉岡宗兵衛も栖本に住む藩の鉄砲隊と、「百姓」の鉄砲隊百三十人余りで出陣している。

一揆方の勝利によって、天草はキリシタンが制圧するところとなったが、栖本には唐津藩の代官石原太郎左衛門が孤塁を守っていた。熊本藩より情報収集のために天草に派遣されていた蒲田九左衛門・吉岡瀬兵衛が十一月二十一日に送った報告によると、太郎左衛門は「キリシタン一揆が栖本に攻め寄せてくれば、拙者の家中にはわずか二十〜三十人しかおらず、百姓たちも四十〜五十人しかいない。これでは防ぐことができないので、そうなったら拙者は切腹することに腹を決めている」と語ったという（『島原日記』）。石原太郎左衛門にとっても「百姓」は重要な戦闘要員だった。

唐津藩ばかりではない。十一月下旬になって幕府の上使が到着してから、熊本藩は天草への出陣を命じられた。その時には約一万五千人の軍勢が出陣したが、その軍勢の構成は、たとえば侍（武士）一人が百人を引き連れているとすると、そのうち六十人は「百姓の狩り出し」つまり動員された百姓であり、その他村にいる鉄砲人足などが加わっていた（『志方半兵衛言上書』）。唐津藩といい、熊本藩といい、その軍勢の中に大量の「百姓」が含まれていたことは間違いない。

以上みてきたように、当時は藩の軍隊といっても、少数の武士に多数の「百姓」が従うという構成をとっていたことが予想されよう。このような藩の軍勢と対峙するキリシタンの一揆もまた、天草四郎を大将とし、これを擁立した少数の牢人たちを中核に村の百姓たちを大量に動員したものだった。つまりは藩の軍隊といい、一揆といい、身分的な構成内容は同様のものといってもよい。戦国時代には、領民に賦課される軍役を「一揆」と呼び、軍役を賦課するための台帳を「一揆帳」と呼んだように、戦国大名の軍隊と一揆とは質的に同じであった。各藩の軍勢をみると、戦国の気風はこの点でも健在であったことが分る。

武士と「百姓」との同盟

だから戦闘の中では武士も「百姓」身分も共に戦う立場において対等であり、両者の間で忌憚《きたん》のない軍議が行われた。寛永十七年（一六四〇）の、寺沢家中の武士たちが行った証言のうち、前にみた陰山仁右衛門のものをみてみよう。仁右衛門は中島与左衛門とともに十一月二日、大島子に、自分の領内で「日頃目をかけていた者」らに鉄砲十挺《ちょう》を持たせ出陣した。十四日の敗戦の折には与左衛門の指揮によって河内浦へ退却した。翌日仁右衛門はここで踏みとどまるよう与左衛門に建議したけれども与左衛門は全く耳を貸さず、富岡城への撤退を指示した。そうした中で横野弥三右衛門が仁右衛門のところにやってきて与左衛門のような「腰を抜かし申す人」の指揮に従うのはごめんである、と仁右衛門に賛成し、二人は河内浦を持ちこたえる方向で軍略を構想した。

仁右衛門は弥三右衛門に、せめて一ヵ村か二ヵ村、味方にすれば与左衛門の屋敷を我々の軍事拠点にすることができると提案し、一町田《いっちょうだ》村（現・天草市河浦町）の庄屋半左衛門に話を持ちかけた。「与左衛門は撤退せよとおっしゃるが、せめて其方と談合して村々へ廻状を廻し、ここで（持ちこたえるべく）談合したい」と提案する仁右衛門に対し、庄屋半左衛門は「ここの指揮をとっている与左衛門殿さえ昨日撤退されました。その上百姓たちは村に自ら放火して撤退しようとしている状況で、そのような談合に加わる者があるでしょうか」と反対意見を述べた。

ここに至って横野弥三右衛門は「この上は致しかたない。ここに貴殿と拙者だけ留まって一揆に人質にでも取られたら、却って愚か者の謗《そし》りを受けるだけである」といって、撤退を提案し、仁右衛門もやむなく撤退したという。

注目すべき点は二つある。第一に河内浦を持ちこたえるために「せめて一ヵ村か二ヵ村」を組織し、その上で他の村々へ「廻状を廻し」て軍勢を掻《か》き集めることが必要である、という現実が窺えることである。第一章でみたように、島原藩士の新甚左衛門は、一揆方の村々に対抗して数ヵ村を組織して戦い、さらに一揆の村に働きかけて村民を味方に組織している（二八ページ参照）が、これも同様の事情を反映したものであろう。武士たちも戦闘を行うためにはまず村を組織しなくてはならなかった、即ち「一揆」を呼びかけなければならなかったと考えられる。

第二に、仁右衛門が庄屋半左衛門に、村々を組織すべく提案したことに対し、半左衛門は現状を述べて反対していることである。結局半左衛門の意見に横野弥三右衛門が賛成し、仁右衛門も従わざるを得なかった。武士も村の庄屋も対等な立場から戦闘に参加していることが窺える。まず村を組織しなければならず、その村は「百姓は草の靡《なび》き」との戦国の諺《ことわざ》もあるように、有利な方に味方するのが常であれば、両者は同盟軍として対等にならざるを得ないだろう。両者の対等な同盟関係がみられる点にも、いまだ残っている戦国の気風が窺える。

高校の教科書などによれば、近世は「兵農分離」の時代といわれる。侍身分の武士は領地をもつものの、その領地にはおらず城下町に住み、一方、平民の「百姓」は領主である武士の私的支配から解放される代わりに、武器をもつことも侍となることも禁止され、村に住むことになるのである。即ち両者は別々の身分に属し、別個の利害をもつことになるわけである。しかし、少なくとも島原の乱の時期の、島原・天草地域に関してはそうではなかった。武士と村民とは密接な関係をもち、両者は対等な同盟を結んで共に戦っていたのである。武士も村民を動員しなければ戦闘はできなかったし、村民も武士と同盟して戦わなければ村を守ることができなかった。言い換えれば武士も「百姓」と呼ばれる平民の村民も、「一揆」を組織しその一員として行動していたのである。

天草四郎の指揮

本渡合戦では天草四郎が指揮をとったとの証言がある。久留米の洗切町の住人与四右衛門が十月中旬から十一月十六日まで本渡に滞在しており、この合戦を目撃している（『島原日記』）。その証言によると十一月十一日、一揆方は、四郎の「乙名」即ち主だった側近である、年の頃四十六、七歳の、上津浦村の源大夫という者を本渡に陣取る唐津藩軍に使者として派遣し「いつまで出兵をのびのびにしておられるのか、早く攻めて来られよ。キリシタンたちははや軍備を調え、攻めて来られるよう手を合わせて（藩軍を）拝み申し上げているほどである。早々に攻めて来られよ」と宣言したという。唐津藩軍はまずこの源大夫を討取ろうとしたが源大夫ははや逃亡し、その従者一人を討取った。

十四日にキリシタン側から本渡へ攻め寄せた。海からと陸からと両方から進軍し、船は茂木根《もぎね》（現・天草市本渡町）という村に着船し、陸からは本渡の瀬戸を歩いて渡って本渡の町へ攻め寄せたという。その軍勢の大将が天草四郎であった。四郎は船から上陸するとそのまま馬に乗り、同じく騎馬の源大夫と、もう一人の、年の頃五十歳ばかりの騎馬の乙名と二人を従えていたという。四郎の側近がいずれも五十歳前後であることが興味深い。彼らの少年時代、天草はキリシタン大名小西行長の統治下にあったのである。

四郎は十七歳であり、普通の着物の上に白い綾《あや》の着物を着て、太刀《たち》を帯び、苧《からむし》を三つ組みにして頭にあて緒をつけ、咽喉の下でとめており、額には小さな十字架を付け、手に御幣《ごへい》をもって総勢の指揮をとっていたという。そして与四右衛門によれば四郎は天草のキリシタン千六百人と島原よりの加勢二千人の都合三千六百人を率いていたという。

戦闘は既に述べたように唐津藩軍の惨憺たる敗北に終わり、与四右衛門は山へ逃げ込み、十五日には海辺へ出、そこで島原からキリシタン一揆の加勢にやってきた大江村の大膳という者の子大蔵に会った。大膳の家は以前から与四右衛門が宿に使っていたこともあって大蔵とは知り合いであったため、ともかく大蔵と同行して大膳にも会った。与四右衛門が天草四郎をみたのはこの時であったという。そして十六日の晩、大膳の手引きで与四右衛門は逃げることができたという。

著名なわりに、大将天草四郎についてはほとんど目撃証言がない中で、この証言は貴重なものといえよう。他の目撃証言として、一揆が原城に籠城してから、十二月下旬に鎮圧軍の一員である、久留米藩の軍勢が捕えた落人の証言がある。それによれば、大将の四郎は年十五、六歳であり、頭髪が赤いとのことであった（『切支丹蜂起覚書』）。尤もこの証言は、身分の低い者のいうことであるから当てにはならない、と報告されており、事実かどうか分らない。但し頭髪が赤い、とあたかもポルトガル人など「南蛮人」を思わせる証言がなされていることは興味深い。

富岡城の戦い

本渡で唐津藩軍を破った一揆勢は十八日、十九日と連日富岡城を攻めたてたが、攻略することはできなかった。二十二日、一揆はまた富岡城へ攻め寄せた。討死した三宅重利に代わって指揮をとっていた原田伊予は、一揆勢が大勢であるのに、広い場所を防衛しつづけることはできないと、二之丸に火をかけて本丸に軍勢を集中した。一揆方は城内から火の手があがるのをみて、味方が二之丸を占領したのだと思って多くの軍勢が二之丸へ向ったところを城内から大砲、鉄砲を撃ち込み、大量の一揆勢を討取り、大きな被害を与えたという(『諫早有馬記録』)。

大打撃を受けた一揆勢のうち、島原から援軍にやってきたキリシタンたちは、翌日島原へ撤退した(『諫早有馬記録』『綿考輯録』)。また上津浦、大矢野から来たキリシタンたちも本拠地に撤退した(『綿考輯録』)。この様子をみて本渡から志岐にかけての一帯の、それまで一揆勢に味方していた村々は、手のひらを返すように今度は退却する一揆に対し、船着場で攻撃を加えたため、多くの一揆勢が討死したという(同上)。

さらに天草の富岡城の周囲でこれまで一揆に味方していた者たちや、本渡合戦の後でキリシタンに立ち帰った村々も、今後は唐津藩の「御味方をいたします」と城へ申し出たという（『諫早有馬記録』『島原日記』）。城方はこれに対し、味方することを命じて、申し出た領民たちの頭目二、三人を逮捕して城内に拘留した（『諫早有馬記録』）。降参を申し出てきた村々を処罰したならば、とうていおさまりがつかないので、事態が収まってから穿鑿《せんさく》することとして、とりあえず許した、とは城方の言い分である（「原田伊与天草有馬にて首尾の事」）。

事態を収拾するためには、まず何よりも周辺の村々を味方につけなければならないというのが実情だったのであろう。一揆が退却すると原田伊予は、呼子平右衛門と菅善右衛門の二人に鉄砲隊十五人を率いて村々を廻り、富岡城の警固は万全であるので安心せよ、と村々の庄屋・百姓に通達するよう命じ、平右衛門は善右衛門とともに村々を廻ったと、寛永十七年（一六四〇）二月の上申書に記している（「呼子平右衛門書上」）。城方は、村がはたして味方に戻るか、その動静に神経を尖《とが》らせなくてはならなかった。実際彼らは、村々を廻って食場《じきば》村（現・天草市亀場町）までやってきた時、上津浦からの一揆勢が百四十〜百五十人ほど現れ、食場村の村中の男女を召連れて上津浦へ引上げていくところを目撃している（同上）。一揆を打ち破ったとはいえ、村々の動向は、城方にとって、依然予断を許さない状況であった。

村々の住民たちも必死であった。ただ領主である城方を頼んでいればとりあえず安泰、というわけにはいかなかったのである。本渡と富岡城で合戦が行われている間、熊本領にはしばしば落人がやってきている。前に述べたように、十一月十六日には本渡から一里ほど南の小宮地から男女二十一人が、翌日の晩には二十九人がやってきたこと、彼らの中には合戦に参加した者もいたことが、佐敷《さしき》（現・葦北郡芦北町）に在番していた平野源太左衛門の報告にみえる（『御家中文通之内抜書』）。また十八日にははやはり落人を乗せた船が砥岐《とき》の島から佐敷に到着している（同上）。二十八日には大矢野千束島から、キリシタンにより信仰を強制された真宗門徒が十八人、戸馳の塩屋村に逃れてきた（同上）。

情勢如何によって、一揆に従いキリシタンになるか、それとも村にいられなくなるか、どちらかを選択しなくてはならない、緊迫した状況が窺える。そのため熊本藩では二十六日、天草からの落人に対しては訴訟を聞く用意があることを伝えよ、と村々の小庄屋に井上九兵衛・長郷茂左衛門二人の名前で触れを出している（『徳富家触状控』）。キリシタンと藩とのどちらにつくかの選択には、何よりも村民の生き残りがかかっていた。城方が劣勢に立てば、一揆方に寝返り、一揆方が敗北すれば城方に寝返るという行動様式は、藩をひたすら頼りにもできず、かといってキリシタンに一途に希望を託すわけにもいかず、自力で生き残りを考えなくてはならない村にとって当然のことだったのである。「百姓は草の靡き」という戦国時代の諺通りの行動がここでもみられる。

二十五、二十六日の間に大矢野・上津浦のキリシタンたちは島原へ敗退していったという。天草四郎も島原へ行ったという情報が、熊本藩の山路太郎兵衛らによって二十八日に報告されている（『御家中文通之内抜書』）。以後戦いの舞台は島原に移ることになる。

松倉勝家の帰国

島原では藩方の軍勢はほぼ島原城内に逼塞したままになっており、軍勢を率いて一揆が陣取っている在所へ出撃するなど思いもよらない状況だったことは前述した。しかし、全く出撃しなかったわけではない。三会村は一揆方の村民と城方の村民とに分れていたが、その三会村の杉谷《すぎたに》に島原藩の米蔵があり、そこに出向いて一揆と交戦したことがある。

島原城下町の別当杢左衛門の記録によると、城方の者たちが兵粮確保のために、十一月十日にここにあった米を七百俵ほど城内に運び込むことに成功した。そのため十二日には、家老の田中宗夫の子藤兵衛や家老側近金木善兵衛の弟金沢角左衛門、物頭《ものがしら》佐野惣左衛門、鉄砲大将松田半太夫、船奉行高橋弥次右衛門ら十数人の侍が、足軽や町人らの人足を率いて米蔵に行ったところ、町人の人足らが敵方の空家に入って家財などを掠奪した。これを知った一揆が三会村の千本木から密かに繰り出して藩の軍勢を急襲したため、四人の侍が射殺されたのをはじめ、大打撃を受けて敗退したという(『別当杢左衛門覚書』)。藩の軍勢の一員であった佐野惣左衛門によると、同心頭高橋弥次右衛門、高畠次郎太夫、入江与右衛門のほか侍五、六人が討死し、足軽も二十人が討死したという(『佐野弥七左衛門覚書』)。

この時熊本藩から派遣されていた山本三左衛門が国家老に送った報告によると、島原藩側の部隊は鉄砲隊が百人ほど、物頭の侍が三人以上、他の侍衆合わせて十二人おり、対する一揆方は三百人ほどだったが、両者がぶつかった時に「下々の者」がたちまちに城に逃げ込んでしまったため物頭の侍入江与右衛門、高橋弥次右衛門、高畠次郎太夫らが討死したのだという(『新撰御家譜』)。町の人足の掠奪といい、「下々の者」の動員といい、唐津藩軍についてみたように、島原藩の軍勢も雑兵ら「下々の者」がかなりの比重を占めていたことが窺える。

翌十三日、今度はキリシタン一揆勢が、城方であった安徳村を襲撃し、村の蔵を破って放火した。その時安徳村にいた住民たちはたまりかねて島原城へ逃げ込み、船をもっていた住民は船に乗って島原城へやってきた、と山本三左衛門は報告している（同上）。同じ報告によると、安徳村を一揆が攻撃している時、別の一揆の一隊が城の北西方面にみえ、これは三会村から出撃した一揆だと三左衛門には思われた。城中の武士たちにもこの一揆が、城を攻撃するのではないかと思われたので、城内から出撃して、一揆の放火の後町の中に焼け残った家や蔵を四、五軒焼いたところ、見通しがよくなり、城は一段と堅固になり、一揆は夜になってどこへともなくいなくなってしまったという（同上）。一揆の標的には三会村を襲った藩の軍勢のみならず、藩側についた安徳村などの村民も含まれていたと考えられる。

それから十日ほど経った二十四日、江戸から松倉勝家が帰国した（同上）。少し前から近日中に勝家が帰国するというので、城中は一段と気負いたったと山本三左衛門は国家老に報告している（『御家中文通之内抜書』）。山田右衛門作も、松倉勝家が江戸から島原城に入り、その上鍋島家中の軍勢が唐比《からこ》（現・長崎県諫早市）というところまでやってきたと聞いて、一揆勢は驚き、原城に籠城することを合議の上決定したと証言している。松倉家中の譜代の侍五百人のうち、二百人は勝家が江戸に連れていっていたというから、勝家が到着すれば城中の侍の人数は倍増に近い増加が見込まれる。その上援軍も来るとなれば、一揆の本拠の村々は、今度こそ城方の軍勢から攻撃されることになる。それを迎え撃つために一揆方にも本格的な城砦《じょうさい》が必要とされたのであろう。

今や一揆方と城方との力関係は逆転した。一揆の側が籠城しなければならなくなったのである。

第五章　原城籠城

十一月下旬になって島原藩主松倉勝家は帰国し島原城に入った。幕府の派遣した上使板倉重昌・石谷貞清が二十六日に九州に到着し、熊本藩軍は天草へ出撃することになった。幕府の命令により大名たちが組織的に動き出す。今や攻守所を変え、島原の一揆はもちろん、天草の一揆も島原半島の南有馬地域にある原城（現・南島原市南有馬町）に籠城した。

板倉重昌らが率いる幕府軍は大名たちの軍勢とともに原城を包囲、攻撃するが、一揆の抵抗は激しく、攻め寄せる鎮圧軍を一度ならず撃退し、年明けの寛永十五年（一六三八）正月元日に総大将の板倉重昌が討死する、という事態まで起った。

このため、戦後処理のために重昌の後を追って島原へ派遣された老中松平信綱が、代わって全軍の指揮をとることになった。信綱は無理に原城を落とすという方針をとらず、包囲して兵粮攻めにする作戦に出た。

一揆方の抵抗は二月二十八日まで続き、結局のところ十二万余りといわれる大軍の攻撃によって原城は陥落し、総大将天草四郎は討死し、一揆は鎮圧されるのである。ここでは一揆が原城に籠城してから、鎮圧されるまでの経緯をみていきたい。

籠城戦へ

天草への出撃命令

「上使」即ち鎮圧軍を指揮する幕府の総大将に任じられた板倉重昌と石谷貞清は、十一月二十六日小倉に到着し、熊本藩に対して、一揆と唐津藩軍とが対峙する天草へ軍勢を派遣することを命じた(『新撰御家譜』)。この時点ではいまだ富岡城に籠城した寺沢家中の軍勢が優勢に転じたことは確認されていなかったのであろう、「寺沢堅高の家中の者が討たれ、生存者も小勢で富岡城に籠城しているとのことなので、『近所の儀』であるから熊本藩の軍勢が天草に渡り、キリシタンを撲滅せられたい。豊後目付の牧野成純・林勝正も同行して指揮をとるよう指示してある」と通達している(同上)。その上また、我々板倉・石谷の二人が直ちに諫早口から島原に向うので、たとえ天草の一揆を鎮圧しても、こちらから指示のない限り島原へ向うことは無用であると指示した(同上)。

さらに二十八日、熊本藩の国元の重臣松井興長《おきなが》らが板倉・石谷が滞在中の筑前国山《やま》江《え》というところに出向いて面謁した際に、板倉・石谷は天草攻めについて「油断なく対処されたい」と幾つか指示をした上で、天草の子供たちを多く生捕りにせよ、火炙りにするとの指示を出している（『御家中文通之内抜書』）。何故子供たちを大量に火炙りにしなければならないのか理由は不明であるものの、想起されるのは島原で一揆が蜂起した折、子供が村民を蜂起させる煽動を行っていたことである。佐賀藩士亀川勝右衛門は、当初は藩方であった三会村で、どこから来たとも知れない十六、七歳の子供がやってきて「奇妙な教え」を説いたために一時一揆方についてしまったものの、まもなくこの子供を信頼に値しない者として処刑し、また藩側に降参したことを伝えている（『諫早有馬記録』）。

詳細はよく分らないものの、キリシタンの一揆が蜂起する際に、子供たちが煽動役を務めていたのではないかと想像される。そういえば、熱烈なキリシタン信仰をもつ少年たちの例は決して少なくない。有馬晴信が統治していた時代、宣教師たちが仏像を破壊した時に動員され、進んで仏像に侮辱を加えたのは少年たちであった。松倉重政の時代にも「神的行事」を担当し「神的なアグヌス・デイ」を所持していて、棄教した父親と口論し、隣村に逃げて抵抗した十二歳の少年がいた。宗教運動において子供たちの果たす役割は決して馬鹿にならない。子供たちを火炙りにしようという幕府上使の指示もまた、こうした文脈で考えるべきもののように思われる。

熊本藩の天草攻め

出撃命令を受けた熊本藩では、藩主細川忠利の嫡子細川光利《みつとし》（光尚《みつなお》）が十二月六日に熊本に到着した後、豊後目付の牧野成純・林勝正とともに、翌日天草大矢野に出撃した。しかし大矢野はもぬけの殻で村人は一人もみえず、一揆は既に立ち退いた後であった。上使の命令により、熊本勢は大矢野を放火した（『御家中文通之内抜書』）。既に熊本藩では波多《はた》村（現・宇城市）の藤右衛門と久作という二人の百姓を、大矢野に親類が多いという点を考えて、大矢野へ探索に派遣していた。二人は十二月二日、大矢野の山に隠れていた藤右衛門の甥一人、従兄弟《いとこ》一人を連れ帰って来たが、藩士小林十右衛門らは彼らの話として次のような内容を報告している。

それによると十一月二十五日から十二月一日までに大矢野と上津浦のキリシタンたちは残らず妻子を引き連れて島原へ向った。藤右衛門と久作は大矢野の中をあちこち探したけれども、人っ子一人みえない。「誰かいないのか、我々は波多村の藤右衛門と久作だ。誰かいるのなら、出て来ても危険はないぞ」と呼ばわったところ、これを聞いた藤右衛門の甥と従兄弟が出て来たという（『御家中文通之内抜書』）。小林十右衛門らは、これらの証言が前日の十二月一日に天草からやってきた落人の証言と一致していると報告している。

十一月二十五日といえば、島原では松倉勝家が帰国し、島原城に入った日の翌日、天草ではキリシタン一揆が富岡城で大敗した後、原田伊予の命を受けた唐津藩士呼子平右衛門らが村々を廻り、富岡城の健在をアピールしていて、食場村で上津浦の一揆と出くわした日（一五七〜一五八ページ参照）であった。この頃からキリシタンの一揆は島原への移動を考えていたのであろう。山田右衛門作も松倉勝家の帰国を聞いた一揆勢が、原城籠城を決定したと証言している。

一方細川忠利の実弟細川立允《りゅういん》の軍勢は七日に天草の栖本へ渡り、八日にキリシタンの本拠であった上津浦にほど近い河内村へ着陣した（『志方半兵衛言上書』）。ここで、光利の本隊から上津浦へ出撃する日時の指示があるまで待てとの通達を受け、河内村に駐留していたところ、九日に上津浦のキリシタンたちが船で落ちていくのを目撃し、本隊へ報告した（同上）。この日、細川光利自身が天草の楠甫《くすぼ》（現・天草市有明町）に渡っており、上津浦の一揆も既に撤退したことを、寺沢家中からの伝達により聞いている（『興長公譜』）。

光利はとりあえずこの事情を上使板倉重昌・石谷貞清に報告し（同上）、十一日に上津浦に出撃した（『志方半兵衛言上書』）。立允も同様に上津浦に出陣した。寺沢家中の軍勢も八日に本渡へ出撃し、九日に島子へ出陣した。寺沢家中では立允の出陣に殊のほか感謝を表明し、「熊本からの援軍は遅かったのに八代から立允様が即時に上津浦へ出撃してくれたおかげで、キリシタンは退去した」と述べたと志方半兵衛は記している（同上）。

こうして熊本藩は天草に唐津藩軍救援に向ったものの、ほとんど交戦することなく天草を制圧した。一方、幕府は十一月二十七日に、松平信綱と戸田氏鉄《うじかね》を「キリシタン蜂起に関する御仕置のために」派遣することにした（『江戸幕府日記』）。これについては、板倉重昌のような「小者」では手に負えないと考えた将軍徳川家光が、抜群の能力により「知恵伊豆」とも渾名《あだな》されていた老中の信綱を派遣したのだ、とする俗説がある。しかし夙に岡田章雄氏が指摘されているように、むしろ幕府はこの時点で一揆を大して重大視しておらず、信綱らの到着以前に既に一揆は鎮圧されているだろうとの予測により、その戦後処理を考えて派遣したのであろう。板倉のような「小者」を送ったとする俗説は、板倉重昌が原城を攻めあぐんだ末、戦死した後に創りだされたものとされている。

一揆の籠城

山田右衛門作の証言によると、天草四郎の指令により、一揆が原城への籠城を始めたのは十二月一日のことである。村々が蓄えていた米を残らず原城に入れ、その上に口之津にあった島原藩の米を五千石ほど城中に取り入れた。天草四郎は三日に城中に入り、島原のキリシタン一揆の者たちも、四日、五日の二日間で男女とも残らず城に籠城し、さらに九日には天草のキリシタン一揆の者たちが二千七百人ほどやってきて籠城の人数に加わったという（『山田右衛門作口書写』）。

原城はもともと「はるのしろ」と呼ばれていたものが、島原の乱のために幕府の鎮圧軍がやってきた後、「はらのしろ」と呼ぶようになったと伝えられる（『佐野弥七左衛門覚書』）。当時の史料に「原の古城」などと記されているため、建物や防備の施設が既になくなって使いものにならなくなった廃城、といった印象を与えやすいが、近年の発掘調査に基づく研究により、当時の原城の実態は、こうした印象とは全く異なるものであったことが指摘されている。近年の研究の成果を筆者なりにまとめると次のような点が知られる。

原城は有馬晴信により、既に一五九九年には建設が着手されていたことがイエズス会宣教師の報告から知られる。そしてこれは三層の大形の櫓《やぐら》からなるものであり、晴信はそれまでの日野江城からこちらに移動するつもりである、との報告も一六〇三年になされている。翌年には晴信が宣教師たちをこの新しい城に招待し、ゆくゆくはこの城下町に教会やイエズス会の施設を移転させるつもりであると語ったという。千田嘉博氏によれば、十六世紀末から十七世紀初頭に建設されたことは、発掘の成果とも一致し、同時期に基本プランのできた他の城のつくり方とも合致するという。

さらに服部英雄氏は、原城址から出土する瓦《かわら》に注目し、これが寛永期になって製造されはじめる以前のものであることなどを手がかりに、城内の建物は、晴信が建設したまま、残されたものもあったことを指摘されている。有馬晴信が死を賜わり、子の直純が転封された後、松倉重政が入部し、島原城を建設してここを島原領の中心とする。当時幕府は一国一城令を布告しており、領内に一つ以上の城を建設することは禁止されていた。当然原城は破城されたことになる。しかし伊藤正義氏は、それはあくまでも建前であり、服部氏の説などをふまえながら、破城はあくまでも表面的な、外からみえる施設のみを破壊したに過ぎなかったものとしておられる。

端的にいえば原城は有馬領国の中心として建設され、松倉重政の入部以後も、かなりの施設はそのまま残されていたことになる。松倉勝家の帰国による藩の討伐軍の派遣や、幕府軍とそれに同行する鍋島家の派遣した鎮圧軍の到来が近日中に予測されるという状況のもとで、これに備えるためにほとんどの施設が失われた廃城に籠城する、というのでは作戦として意味をなさない。近年の研究が明らかにした原城の実態をふまえて初めて、一揆方の作戦の意味が明らかになる。

山田右衛門作によると大江浜にあった三十艘の関船《せきぶね》を一艘残すのみで壊し、それを素材にして城の塀に転用したという。城内には三万七千人の男女が村ごとに組織されて防備についたという（『山田右衛門作口書写』）。尤も籠城人数について、確かなことは分らない。籠城戦の間にかなりの戦死者や「落人」即ち投降者、逃亡者がいるはずであるし、籠城戦の間に全く出入りがなかったと断定はできない。原城落城時に幕府上使三浦正次《まさつぐ》から籠城者およそ三万七千人との情報が大坂に届いている（『天草陣雑記』『岡山藩聞書』）から、これが幕府の公式発表であろう。だが後述するように落城時二万三千人との証言もある。右衛門作の証言は信憑性が高いものの、三万七千人がどの時点のものかは検討の余地がある。

第二章で触れたように、なかには老いた親、女房、子供を自らの手にかけ、葛籠《つづら》、櫃《ひつ》、筵《むしろ》に入れて埋めてから籠城した有馬のキリシタンもいた（六〇～六一ページ参照）。寛永十五年（一六三八）正月十六日にこのことを報告した熊本藩士堀江勘兵衛は「このように戦闘に役立たない者を始末してから籠城しているので、兵粮は（原城内に）思ったよりあると思われる」と報告している（『御家中文通之内抜書』）。あるいは勘兵衛の述べたような戦術上の配慮もあるかもしれないが、後世を重んじるキリシタン独特の死生観が窺えるように思われる。

原城への攻撃

十二月三日、肥前国神代《こうじろ》（現・雲仙市国見町）へ到着した板倉重昌・石谷貞清は、島原に到着すると五日に軍令を発した。軍勢の狼藉《ろうぜき》を禁止する、通常よくみられるものであるが、注目されるのは一揆方の女性・子供はなるべく殺さないように、敵対しない限り殺すことは禁止していること、一揆の投降者は咎めずに退城を許すことを指示している点である（『新撰御家譜』『勝茂公譜考補』）。恐らく彼らは、籠城者のなかに、かなりの程度村ぐるみの行動に従ってやむを得ず籠城した者や、単に自分たちの村が戦場となり、軍隊に蹂躙《じゅうりん》されることを予想して避難のために籠城した者のいることを予測していたのだろう。この後散見される、決して少ないとはいえない「落人」のことを考えると、幕府側の観測はそれほど間違っていなかったように思われる。一揆の指導者は牢人など武士たちと、それに準じる階層の庄屋たちであった。彼らに従っていた一般村民の中には、必ずしも熱烈なキリシタンという理由で籠城したものばかりではなかったと思われる。原城から発掘された遺物の中には銃弾を鋳溶かして製造した十字架がある。一見して急拵えの、粗雑ともいえる製造品であるが、これが発掘された死者の遺骨の周りからも見出されていることを考えると、戦闘におけるお守りとして一般の兵士たちに配布されたものとみて大過ないように思われる。籠城する時は十字架を持っていなかった者たち、城中での布教により身の守りとして初めて十字架を手にした者たちの存在が窺える。後にみるように、一揆方も下々の籠城者に対しては監視を怠っていなかった。

原城址から出土した鉛製の十字架　銃弾を鋳溶かして作られたと考えられる。南島原市教育委員会所蔵

六日に討伐軍は島原を出陣した。松倉勝家の実弟重利が土地の事情に通じているとして千五百の軍勢を率いて先陣を務め、四日に島原に来ていた鍋島勢が別の一隊として進軍した（『佐野弥七左衛門覚書』）。八

日には城内への指示を終えた松倉勝家も千五百の軍勢を率いて出陣し、道すがら、一揆方として籠城した者の空家を焼払いながら進撃した（『佐野弥七左衛門覚書』『別当杢左衛門覚書』）。九日には敵方から落ちてきた老人を捕え、様子を聞いたところ、一揆方は総て原城に籠城し、日野江の城や在所には一人もいないとのことであった。この老人はキリシタンではなかったので、一旦投獄されたものの、戦闘が終わってから許され、褒美を与えられ、有馬村で子孫に至るまで「百姓」を続けたという（『別当杢左衛門覚書』）。この頃、心ならずも一揆に味方していた領民たちが、少しずつ藩方へ内通し始めたらしい、との報告が佐賀藩に届いている（『肥陽旧章録』）。

十日、原城に到着した討伐軍は、原城に鉄砲を撃ちかけ、また石火矢・大筒《おおづつ》（大砲）を撃ちかけた。しかしもちろんこの程度のことで城を攻略することはできなかった。この時点で諸藩がつかんだ情報は錯綜している。熊本藩に入った報告では一揆の男女はおよそ一万五千～一万六千であり、鎮圧軍は四万五千～四万六千、城を遠巻きにしているが、戦況は膠着《こうちゃく》しているという（『志方半兵衛言上書』）。また一揆の籠城する城は防ぐにはよい場所であるため、無理に攻めては戦死者を出すだけなので、仕《し》寄《より》（竹などでつくった防禦壁）を設営することを上使が指示した。この段階で既に松倉勢には五、六人の負傷者が出ており、鍋島勢にも負傷者が少々いるとの情報もある

（『島原日記』）。一方、既に十日の戦闘で松倉、鍋島家中に死者が出、下々の者には負傷者が多かったことを伝える証言もある（『別当杢左衛門覚書』）。

籠城軍の抵抗

十二日、鍋島勢が原城に押寄せ、石火矢、鉄砲を撃ちかけたが、城内の一揆は待ち構えていたように、激しく鉄砲で応戦し、血気に逸《はや》って攻めかかる寄せ手の軍勢を十分に引き付けてから砲撃を浴びせたため、寄せ手の死者・負傷者は合わせて百人に上ったという（『有馬原之城兵乱之記』）。十七日には久留米藩有馬忠郷《たださと》の率いる軍勢が有馬に到着し、また同じくらいに柳川藩立花忠茂《ただしげ》の率いる軍勢も合流した（『有馬原之城兵乱之記』『別当杢左衛門覚書』）。改めて持ち場が定められ、原城を包囲して東の浜に立花勢、次に松倉勢、次に有馬勢、大江浜には鍋島勢が陣取った（『別当杢左衛門覚書』）。

二十日鎮圧軍は、原城の天草丸、三之丸を攻撃した。幕府上使板倉・石谷の指令により、鍋島勢が天草丸を攻略すべく、立花、松倉両勢は三之丸で陽動攻撃を行い、城内の軍勢を三之丸に引き付けて鍋島勢の攻略を援護するという作戦であった（『久留米藩・島原陣日記』）。しかし三之丸に攻めかけた立花勢に対する城中からの砲撃は激しく、主だった家臣十二名が討死し、それ以外に三百人余りの死者・負傷者を出し、結局退却した（同上）。天草丸の攻撃に向った鍋島勢に対して、一揆方は攻撃を予想していたかのように本丸から横矢（側面からの射撃）を射かけて迎え撃ち、寄せ手は劣勢になって多くの死者・負傷者を出して退却した。三之丸の立花勢には鉄砲による攻撃のほか石礫《いしつぶて》を飛ばして撃退したという（『有馬原之城兵乱之記』）。鍋島勢では大将の家老諫早茂敬《いさはやしげよし》の主だった家臣十名が討死、その他二百七十人余りの死者・負傷者が出た（『久留米藩・島原陣日記』）。

惨憺たる敗勢に、二番手に控えた有馬勢、松倉勢には出番はなかったという（『島原一乱家中前後日帳覚』）。但し寄せ手の撤退を助けるために、板倉重昌の手勢と松倉勢は出撃して大砲を撃ちかけた（『有馬原之城兵乱之記』）。その折の戦闘であろうか、この合戦で松倉氏配下の侍奥田左京が討死し、負傷者も多かったという（『別当杢左衛門覚書』）。

結局この攻撃は多くの死傷者を出して失敗し、一揆方の大勝利に終わった。合戦の成り行きをみると一揆方の迎撃は巧みであり、相当に合戦慣れした武士たちが指揮をとっていることが窺える。また鉄砲ばかりでなく、寄せ手の軍勢を石礫が悩ませていることをみれば、鉄砲をもたない村の住民らも戦闘に加わっていることが分る。城内の男たちは鉄砲を撃ち、石を投げ、女たちは次々とその石を運んでいたとの情報もあり（『志方半兵衛言上書』）、この段階では戦闘員のみならず、籠城した者全員が戦闘態勢に組織されていることも窺える。城内がどのような状況だったのか、鎮圧軍に投降・捕縛された「落人」の証言を手がかりに探ってみよう。

落人の情報

十二月二十四日の夜、鍋島勢の仕寄で十七〜十八歳の籠城者が捕縛された。城中の薪が少なくなったため、確保のために何人かで取りに出たところを捕えられたものであり、同行していた他の者たちは城中に逃げ帰ったという。天草上津浦の者であり、両親および兄弟三人と籠城している。上津浦からは男女共に六百人余りが籠城しており、彼らは「上津浦組」という一隊を組んでいるという。彼ら一揆方に大きな損害を与えているのが、海側からの大砲による攻撃である、と尋問に答えている（『切支丹蜂起覚書』）。

また同日落人が一人投降してきた。久留米藩の仕寄で捕えられた北有馬村の雅楽丞《うたのじょう》（雅楽助とも）という六十二歳くらいの者であり、キリシタンにならなければ殺されてしまうので、本来真言宗であるにもかかわらず、やむなくキリシタンになり籠城したという。雅楽丞は女房と三十歳余りになる息子二人と籠城したが、女房、息子はキリシタンであるので、城中に残して逃げてきたという（『切支丹蜂起覚書』『久留米藩有馬陣日記』等）。雅楽丞が証言した城中の様子は次のようなものであった。

城内には男女合わせて一万四千〜一万七千人が籠城しているが、そのうち戦闘員となる男子が七千〜八千人ほどであり、常時戦闘に従事しているのは二千人ほどである（『切支丹蜂起覚書』『志方半兵衛言上書』他）。鉄砲は五百挺ほどあり、弾丸・火薬もあり、兵粮は正月時分までは配給できるほどあるという（同上）。尤も兵粮に関しては二月中までは持ちこたえるが三月までは無理だと証言したとの記録もある（『久留米藩有馬陣日記』）。さらに本丸には大江浜の者が、松山丸（天草丸）には天草の者が、二之丸には有家村の者をはじめ、在々所々の者が籠城しており、三之丸にはそれほど人数はいない、と証言したともいわれる（同上）。

総大将の天草四郎は本丸の中におり、籠城戦の開始以来一度か二度姿をみせたという（『切支丹蜂起覚書』）。また第四章で触れたように雅楽丞は四郎の頭髪は赤いと証言している（同上、一五五〜一五六ページ参照）。四郎は本丸に寺を建てて布教しており、四郎の父益田甚兵衛が鎧《よろい》を着て馬に乗り、旗指物を立てて城中に下知している、とも噂されていた（『志方半兵衛言上書』）。また四郎は姿をみせず、名代として島原の絵描き右衛門作（即ち山田右衛門作）、と島原牢人忠右衛門（芦塚忠右衛門）とが四郎の旗印をもって指揮をとっているとの証言もある（『久留米藩有馬陣日記』）。

なお久留米藩の有馬忠郷が記した証言では、四郎は一日に二、三度使者を派遣して籠城の人数に対し「それぞれの持ち場をぬかりなく持ち固めよ、そうすれば天国へ行けるであろう、しかしそれを怠れば地獄へ堕ちるであろう」と触れている（同上）。忠郷は「このようなことで城を維持しているとは不審である」と記しているが、戦国時代の一向一揆が「進めば往生極楽、退かば無《む》間《けん》地《じ》獄《ごく》」（敵へ突撃する者は極楽へ行けるが、退却する者は地獄に堕ちる）とのスローガンにより進撃したことを想起させる。天草四郎の影響力は信仰を鼓舞するところで本領を発揮したと思われる。

天草四郎を中心とした信仰による結束が図られる一方、籠城戦はそれなりに一揆方に痛手を与えていた。雅楽丞は、一揆の人数が毎日五人、十人と包囲軍の大砲で殺害され、かなりの損害を与えていると証言している（『切支丹蜂起覚書』）。さらに雅楽丞は城中にいる有馬村の北岡大膳という鉄砲打が引き連れる十人ほどの集団、また「有馬村のうち北村」の庄屋長助が率いる四、五人ほどの集団、さらに八良《はちら》尾《お》（現・南島原市北有馬町）の庄屋庄右衛門の率いる二、三人は鎮圧軍に内応する可能性があると証言したという（『久留米藩有馬陣日記』）。籠城したのは信仰堅固の者ばかりではなかったようである。合戦が起り、村々が戦場となることが多かった戦国時代、人々は身を守るために堅固な城に避難するしかなかった。戦争から身を守るための籠城も、戦国時代と同じく、この時代にも依然行われていたように思われる。

板倉重昌の討死

原城に籠城した一揆軍と幕府上使板倉重昌らに率いられた諸大名の鎮圧軍とが対峙する中で、寛永十五年（一六三八）正月元日、板倉らの下知により鎮圧軍は総攻撃をかけ、総大将板倉重昌が討死し、同じく幕府上使の石谷貞清も軽傷を負ったのをはじめ、多数の戦死者・負傷者を出すという惨憺たる敗北を喫した。島原藩主松倉勝家は、「幕府上使がこのようなことになったことは申すべき言葉もない」と戦闘の当日に大坂城代に報告している（『島原日記』）。勝家は島原藩の主だった侍たち十七人が討死し、四十八人が負傷し、「下々の」鉄砲隊は九十三人が討死し、百五十九人が負傷したと報告している（同上）。島原藩軍にも鉄砲隊として領民の多くが動員されていたのである。佐賀藩鍋島軍には三百人以上の戦死者・負傷者が出、久留米藩有馬家では何人かも分らないほど多数であったと報告されている（『岡山藩聞書』）。当時ももっぱら無謀な無理攻めであると取沙汰され、将軍徳川家光でさえ「軍勢もついて来ないのに、上使二人が苛立《いらだ》ってぶざまな敗北を喫したことは不届きと仰せられた」と老中たちが松平信綱・戸田氏鉄に伝えているほどである（『岡山藩聞書』）。そもそもこの総攻撃は鎮圧軍の中で十分な意思統一を経て行われたものではなかった。石谷貞清は鍋島、有馬、立花、松倉の諸大名家に諮った上で賛成を得て総攻撃に踏み切ったと大坂城代に報告しているが（『勝茂公譜考補』）、柳川藩前藩主立花宗茂《むねしげ》はこれとは異なった経緯を記録している（『立斎《りつさい》島原戦覚書』）。

それによると十二月二十九日に両上使の主宰のもと諸家の家老たちによって、総攻撃を行うか否かの会議が行われ、忌憚のない意見が徴された。これに対して「諸家の仕寄もまだ整備されていないのだから、少し延期してはいかがか」との提案に両上使も「それは尤もな申分であり、それでは十日か二十日延期しても構わないから、ゆっくり仕寄の整備をするように」と命じたという。ところが翌朝の大晦日《おおみそか》、諸家の家老が呼びつけられ、「明日総攻撃を行う」との指示がなされ、反論する余地もなく総攻撃に決定したという。

そもそも諸家の軍勢の足並みが揃っていなかった。正月元日朝の総攻撃と指示されていたにもかかわらず、前夜から城に攻撃を開始する軍勢もあり、夜明けになってから攻撃を開始する軍勢もあり、鎮圧軍の統率はとれていなかった、と戦闘の翌日に石丸七兵衛は報告している（『岡山藩聞書』）。島原藩士林小左衛門は、次のような経緯を記している。総攻撃は鉄砲の砲撃を三発行い、提灯《ちょうちん》三つを高く掲げるのを合図に開始する、という申し合わせになっていたのに、鍋島軍は「老武者」が多かったため、合図がなされる以前、夜のうちに攻撃を開始し、撃退された。それをみた有馬軍も合図を待たずに続いて出撃し、一揆軍の厳しい砲撃に屈して退却した。明け方になって合図がなされ、松倉軍が出撃したという（『林小左衛門覚書』）。確かにばらばらであった。

一方、一揆方の迎撃は激しかった。夥しい銃撃に加えて石礫も「殊の外」激しかったし（『島原日記』）、有馬軍に対しては激しい横矢が浴びせられ、総崩れになったという（『別当杢左衛門覚書』）。「城は落ちる様子もみえず、塀にも損傷はない。城内の者には戦死者も出ていない様子である」とは石丸七兵衛の報告である（『岡山藩聞書』）。これではとても勝てるわけがない。一揆方の厳しい迎撃に阻まれて、なお攻撃を試みる軍勢がないまま、上使の板倉・石谷は前線に出て城の塀際まで進み、そこで采配《さいはい》を振るって出撃を促したけれども、応じる軍勢はなく、板倉重昌はとうとう鉄砲に当たって塀に手をかけたまま討死したと石谷貞清は報告している（『勝茂公譜考補』）。

相手は「百姓」

それにしても板倉重昌は何故このような、性急な総攻撃を行ったのであろうか。従来の研究で注目されているのは、重昌の縁者である上使戸田氏鉄が早急な鎮圧を促したという、熊本藩士志方半兵衛が書きとめている噂である。それによると氏鉄は、身内に手柄を立てさせたいと思ったらしく、大坂の川口から手紙を出して次のように述べた。「城を構えて防備を固めているとはいえ、しょせん相手は『百姓』である。一気に攻撃すれば落城するようなものを、ゆっくりと日数をかけているとは、攻撃に力を注いでいないかに思われる。松平信綱殿や拙者がそちらに到着した後まで戦が長引いては、貴殿の面目が立たないであろうから、一気に攻められよ」と。この手紙を大晦日に受け取った重昌は急遽、翌日の総攻撃を決定したという（『志方半兵衛言上書』）。

確かにこの話は、大晦日になって突如総攻撃を決めた事情についての、合理的な説明になっている。また岡田章雄氏によれば、戸田氏鉄がキリシタン一揆の鎮圧に足かけ二年もかかるようなありさまを慨嘆していたのは事実であるから、その意味でもありそうな話であるといえよう。但しここでは、この噂の真偽ではなく、原城に籠城したキリシタン一揆が「百姓」と見なされていたことに注目したい。

志方半兵衛はこの噂に関して、次のような話もつけ加えている。戸田氏鉄が上記のように重昌に書き送った際、側にいた松平信綱は「『百姓』とはいっても、命を棄てて戦いに臨んでいるのであり、その上城を構えて防禦を固めている以上、どのような抵抗をみせるかも分らないのに、こちらから余計な指図をすることはよろしくない」と窘《たしな》めたという（『志方半兵衛覚書』）。この話も噂話である。しかし戸田氏鉄も松平信綱も、一揆を見くびっているか、重大視しているかは違っていても、共に「百姓」とみていることに違いはない。島原・天草のキリシタン一揆を「百姓」の集団とみる見方は、実は当時の武士層にあってきわめて一般的な見方であった。

薩摩藩では、天草で一揆が蜂起すると状況を検分するために使者を派遣した。その使者が、富岡城代三宅重利が戦死するなど、唐津藩軍が敗戦したことを伝えたのをふまえ、島津家久《いえひさ》は幕府老中に次のように報告している。「聞くところでは一揆の主力はほとんど『百姓』とのことです。もちろんその内には牢人なども少々は含まれているでしょうが、このような者の五千人や三千人がいたからといって、大将にふさわしい者などいるわけがありません。深謀遠慮の軍略に基づいた作戦などできるものではなく、少々人数を派遣すれば鎮圧できると思われます。唐津藩が敗北したのは、きっと戦闘経験のない若者どもが、考えもなく攻めかかったあげく総崩れになったものと思われます」(『薩藩旧記雑録』)。

「百姓」と「一揆」

当時の武士たちにとって、一揆はあくまでも「百姓」であった。現代の我々からみれば奇妙な話である。島原の乱の指導者は第二章でみたように牢人たち武士であり、彼らが指揮をとると同時に重要な役割を果たした。その意味では武士に率いられた「百姓」即ち平民の一揆である。それが何故「百姓」なのだろうか。一揆を「百姓」の集団と決めつけた島津家久自身が、中に牢人たちの五千人や三千人はいるはずだと予想しているではないか。それでも「百姓」の集団というのは何故だろうか。

またそれでは鎮圧軍は「百姓」ではないのだろうか。第四章などでみたように、島原のキリシタン一揆と戦った島原藩の軍勢にも、天草のキリシタン一揆と戦った唐津藩の軍勢にも、天草に出撃した熊本藩の軍勢にも大量の「百姓」が動員されていたはずである。武士たちが大量の「百姓」を動員した鎮圧軍は、いったいどうして「百姓」ではなく、一揆方は「百姓」なのだろうか。

この理由は先の島津家久の言葉にあるように「大将にふさわしい者などいるわけが

ない」という点に求められる。然るべき大将がいるかどうか、この点が侍身分の武士が「百姓」身分の者たちを組織するという同様の構成をとる軍団が、「百姓」と見なされるか否かの目安だったと考えられる。話は十六世紀に遡《さかのぼ》るが、天正十五年（一五八七）の豊臣秀吉の九州侵攻に対して抵抗し籠城した豊前国・肥後国の者たちを『陰徳太平記』は次のように記している。「豊前・肥後両国の敵の者たちが籠る城は『一揆の城』と呼ばれていたけれども、土民が籠城しているわけではない。皆国人《こくじん》（つまり土地に勢力をもつ武士）であったけれども、一国の大将というべき指導者がおらず、それぞれが自分自身の意思で籠城していたため、人々はこれを『一揆の城』と呼んだのである」と。

「豊前・肥後両国の敵の者たち」に然るべき大将がいないということは、即ち彼らが戦うべき大義名分のない軍団であることを意味した。室町幕府の政所《まんどころ》執事を世襲した伊勢氏の庶家の出で、将軍側近であった伊勢貞頼《さだより》は「武士は本来上の命令に従うべきで、自分たちの仲間で一揆を結ぶようなことなど、ない方がよい。『小人は徒党を組む』という諺もあるように、悪党らが徒党を組んで正義を蹂躙する害悪は大きい。一揆を結ぶのは合戦のような非常時に限るべきである」（『宗五《そうご》大草紙《おおぞうし》』）と述べている。一揆は然るべき大義に基づかない徒党であった。しかも『陰徳太平記』が「一揆の城」といっても土民ではなく国人である、とわざわざ断っているように「一揆」といえば誰もが「土民」のものと考えたのである。「一揆」と「土民」「百姓」を同義で用いる用例は、十六世紀から十七世紀にかけて多くみられる。そしてその背景には、この時代の「一揆」が中世に「土一揆」と呼ばれた土民の一揆と同じ性格のものであったという事情がある。

端的にいえば「一揆」は「百姓」風情のやることであり、将軍・大名らに統率された軍隊に敵《かな》うわけがない、というのが当時の武士たちの常識だった。侍が指揮したところで「一揆」は正規軍とは呼べない代物であった。その「一揆」が、幕府上使に率いられる諸大名の軍勢の総攻撃を粉砕したのである。

原城の包囲

包囲戦の開始

正月四日に戦場に到着した松平信綱・戸田氏鉄は、さっそく原城の惣構《そうがまえ》を検分し、原城が防備のしっかりしたものであり、籠城勢が「草臥《くたび》れる」まで大砲や鉄砲による組織的な攻撃をしなければ攻略が難しいことを知った。その攻撃のために築山《つきやま》や井楼《せいろう》

（材木を井桁《いげた》に組んで作った櫓。敵陣の偵察などに使う）を「城を見下す」くらいに高くすることと、さらに築山・井楼を新たに増やすことを命じている（『島原日記』）。五日に大坂城代へ送った書状で信綱は、拙速で攻撃しても寄せ手の軍勢を損なうだけであるから、大砲・鉄砲で「城中が草臥れるほど」鉄砲攻めにするつもりであると報告している（同上）。

また五日、松平信綱・戸田氏鉄の連名で五ヵ条の軍令が出され、村に対して理由もなく放火することを禁じ、違反者は処罰すること、各軍勢はそれぞれの持ち場を決めてそれを維持すること、鉄砲攻めの様子を昼夜検分するので、鉄砲攻めの担当者を申告することなどを命じている（『新撰御家譜』）。原城を包囲して兵粮攻めにする一方、常時砲撃・銃撃で悩ませ、籠城勢を消耗させる作戦に出たわけである。さらに正月十三日から平戸にいたオランダ船を動員して原城を砲撃させた（『平戸オランダ商館日記』）。

これについて一揆方が「日本には名誉ある兵士が多数いるのに、何故オランダ人の援助を求めるのか」（同上）と詰《なじ》ったという、オランダ商館長ニコラス・クーケバッケルの証言がある。日本側の史料でも一揆方が矢文《やぶみ》を放ち「オランダ船を動員して攻められるとは、外国までも物笑いになる」と通告してきたことが知られる（『新撰御

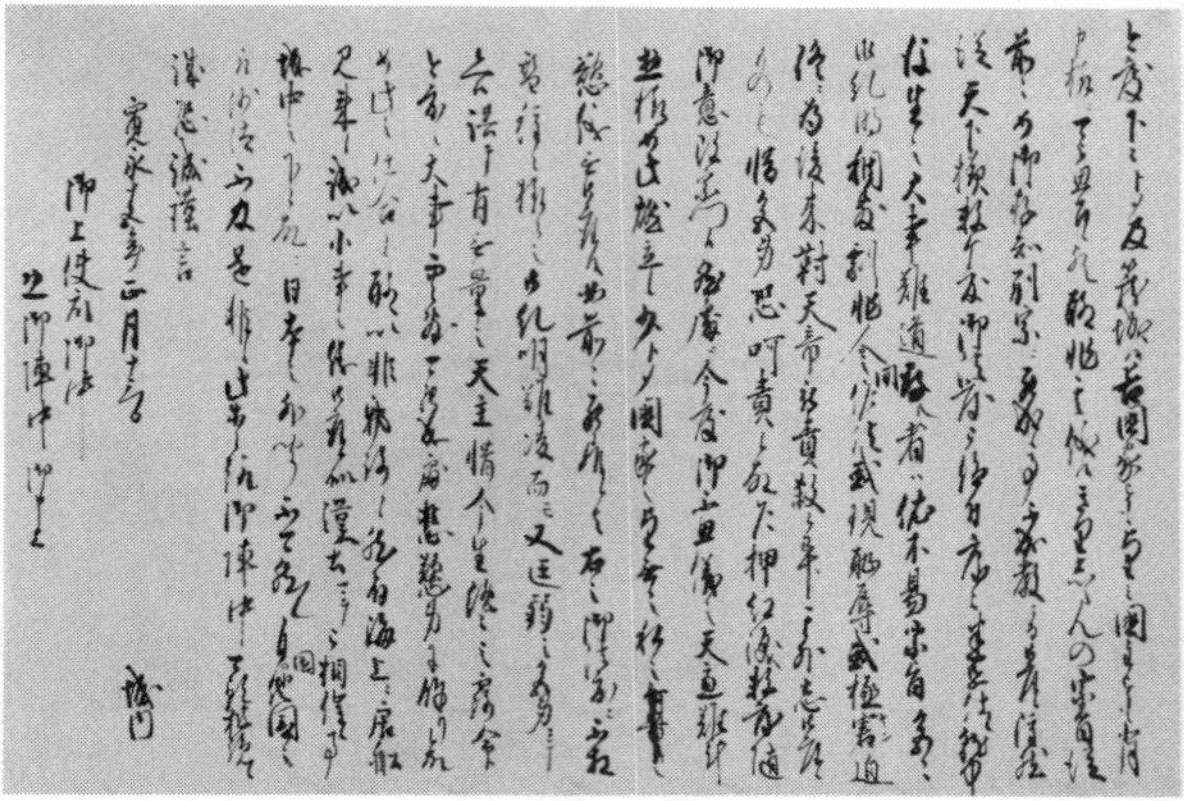

一揆勢の矢文　寛永十五年正月十三日付、御上使衆宛。写しと考えられる。永青文庫所蔵（熊本大学附属図書館寄託）。展覧会図録『天草・島原の乱』より

家譜』）。一揆方が放ったものとして伝わっている矢文には「海上に『唐船』がみえるが、こんな些《さ》細《さい》なことで『漢土』まで動員されるとは、下々の反乱に対する処置として日本の外聞は地に堕ちるであろう」と記されている（同上）。従来の研究でも、幕府はじめ諸大名の軍勢が、一揆の鎮圧のために外国の援助まで求めた、姑《こ》息《そく》な作戦とされてきた。

こうした見方に対し服部英雄氏の見解は全く異なる。氏が注目されたのは熊本藩の記録『綿考輯録』にみえる次の記述である。即ち「唐船・紅毛船」を動員して砲撃するという松平信綱の作戦について細川忠利が「外国船を動

員したことで評判が悪くなれば、日本の恥ですから、速やかに（船を）帰すのがよろしいかと存じます」と進言したのに対し、信綱は「拙者が異国船を呼び寄せたのは、一揆の指導者たちが、我々は『南蛮国』と通じているのでやがて『南蛮』から援軍がやってくる、などといって百姓を騙《だま》しているから、その『異国人』（つまりオランダ）に砲撃させれば、『南蛮国』さえあの通りではないかと百姓も合点が行き、宗旨の嘘《うそ》に気がつくのではないか、と思ったからであり、日本の恥になるなど思いも寄らなかった」といって砲撃中止を決めたという。

服部氏は、「南蛮国」（この場合はポルトガル）の援軍を心の支えに籠城するキリシタンたちに対しその「南蛮」（実はオランダ）に砲撃させて、籠城勢を落胆させようという、松平信綱の心理作戦だったとしておられる。これまでは命を捨てての抵抗という点ばかりが重視され、一揆の軍略は問題にされることが少なかった。しかし二月中旬頃細川忠利が江戸へ、子供の遊びに使う「いかのぼり」（凧《たこ》）を原城であげると城外でも呼応してあがり、「外のキリシタンが城へ内通」していると報告しているように（『綿考輯録』）、一揆勢は外部の味方と連携していたと考えられる。服部氏の指摘されるように「後詰《うしろづめ》」（援軍による包囲軍への後方からの攻撃）を想定しない籠城は作戦として無意味であり、一揆が援軍を期待していたことは確かであると思われる。

また、これまでみてきたように、信綱は原城を拙速で攻略するつもりはなかったし、海陸双方からの間断ない砲撃が一揆勢を「草臥れさせる」ためのものであったこともあわせ考えれば、服部氏の見解は説得的である。城内の士気を挫《くじ》き、結束を乱すための心理作戦とは「知恵伊豆」の面目躍如たるものがある。

「落人」七之丞

長期にわたる心理作戦は、確かに籠城者には痛手であったろう。これまであまり言及されていないが、原城からは包囲戦の間、常に「落人」つまり投降者があった。後にみるように信綱自身が、キリシタンではなく強制されて、あるいは行掛りで籠城した者は命を助けるから投降せよ、と呼びかけている。これまでみてきたように原城に籠城した者は、キリシタンの信仰に殉じようとするものだけではなかった。その意味では信綱の心理作戦はかなり有効なものだったといえよう。そして次のような「落人」もいた。

寛永十四年（一六三七）暮れの十二月二十五日に原城の城内から薪を取るために出てきて、福岡藩の手に捕えられた、上津浦の百姓で七之丞という者があった。七之丞は親類も城中に籠城しているので、城へ戻り彼らと通謀して城に放火するという作戦を戸田氏鉄に言い含められ、正月二十日に、豊後目付林勝正の家来を一人付き添わせて城近くまで送り、黒田勢の仕寄から城へ戻した（『黒田続家譜』）。七之丞は、自分の命を許してもらえるなら、城へ戻り、隙《すき》をみて放火する、但し自分の親族が十七、八人ほどいるので、彼らは助命してほしい、ついては自分を縛って戻してほしい、城中に戻ったら、監視の者が寝ている隙をみて逃げてきた、というから、と提案したという（『池田家・島原陣覚書』『志方半兵衛言上書』）。幕府上使たちもこの提案を受け入れ、城に戻すことにしたという（『池田家・島原陣覚書』）。

ところが二十五日にまた城から落人が投降してきた。この者は天草の寺沢軍に従軍していた者で、捕えられ、原城内で縛られていたが、二、三日前縛《いまし》めを解かれ、薪取りを命じられた機会に逃げてきたのだという。この者の証言によると先の七之丞は、よくぞ戻ったと天草四郎親子に迎えられている、このことは城中で知らぬ者のないほど有名だという（同上）。もちろん放火などするはずもなく、わざと城外に出て鎮圧軍に捕えられ、鎮圧軍の様子を窺い、鎮圧軍に味方して放火すると偽って城内に戻った、天草四郎の放ったスパイだったというのである。

天草四郎は「外の様子をよくみて参ったであろう、側で話してほしい」と言い、この者も側を離れなかったと噂されていた（『志方半兵衛言上書』）。一方松平信綱の家臣長谷川源右衛門の記録では七之丞の寝返りにはいっさい触れず、城に戻った七之丞は「様々に（幕府方に）貢献したけれども、二月上旬に麻疹《はしか》で死亡し、信綱も惜しいことをしたと述べた」とある（『肥前国有馬高求郡《ママ》一揆籠城之刻日々記』、以下『一揆籠城之刻日々記』と略記）。

事実は不明だが、池田家と細川家の記録がともに記すように、七之丞が幕府上使を出し抜いて城に帰ったという噂が当時広まっていたことは事実と思われる。長期にわたる籠城のなかで、常に鎮圧軍へ投降する落人が出ている、という状況を逆用することは十分考えられる。事実とすれば、松平信綱の心理作戦も「知恵伊豆」の名にふさわしく老獪《ろうかい》であったが、「神童」天草四郎のスパイ作戦もなかなかに水際立っていたことになる。

矢文の応酬

正月十二日に板倉重昌戦死の報せが江戸へ達した。幕府は事態を重視し、熊本藩主細川忠利、佐賀藩主鍋島勝茂、久留米藩主有馬豊氏《とようじ》、柳川藩前藩主立花宗茂、福岡藩主黒田忠之《ただゆき》、延岡藩主有馬直純らが自身で現地に赴くことを命じた（『江戸幕府日記』)。ちょうどこの頃、有馬の戦地では松平信綱が一揆勢に対し、籠城して戦うことをやめ、幕府軍に服するよう呼びかける矢文を送っている(『新撰御家譜』)。その中で信綱は、籠城した事情は、「天下」即ち将軍徳川家光に恨みがあるからか、それとも島原藩主松倉勝家に恨みがあるからかと尋ね、もしその恨みに理があるのなら、和談をしてもよい、籠城者は本宅に戻らせて耕作を許し、飯米二千石を支給した上、今年の年貢は免除し、以後も租税を免除するなどの優遇措置を行う用意がある、と宣言している。

第一章「立ち帰るキリシタン」で述べたように、この時代武装蜂起することは必ずしも支配者の存在を否定した全面的対立行為とはみられていなかった。むしろ武装蜂起は一面では訴訟行為そのものでもあり、交渉の余地のある行為とみられていたのである。信綱の呼びかけはそのために行われたものと考えられ、あながち妥協をよそおった策略とはいえないと思われる。これに対して一揆方は、問題は将軍徳川家光への恨みや藩主松倉勝家への恨みではないと応じた。正月十二日に城中より矢文が飛んできたが、その内容を報告した熊本藩士堀江勘兵衛の手紙によると、一揆方は次のように記していたという。

「我々は上様(つまり家光)への言い分もなく、松倉殿への言い分もございません。

宗門のことで籠城しているのです。もし我々に憐《あわれ》みをかけて下さるなら、是非我々の宗門をお認め下さい。素晴らしい宗門だとお思いになりませんか。そちらからいくら御攻めになっても城方が勝利しているではありませんか。そちらの諸勢からの鉄砲射撃にあっても、こちらには負傷者も死者も出ないではありませんか。素晴らしい宗門だとお認め下さい」（『新撰御家譜』）。包囲軍側は「小面憎い言い分だ」と噂したというが、一揆方の要求がもっぱらキリシタンの信仰容認にあり、俗的なものではなかったことを窺わせる。

また同じ堀江勘兵衛の報告によると十四日には城中から上津浦惣右衛門という者が矢《や》留《どめ》を提案した上で、城から出てきて、佐賀藩の者に一揆方の言い分を伝えたという（『御家中文通之内抜書』）。その内容は「我々は他ならぬ宗門のことで籠城しているのであり、西国の諸大名を残らず動員され、外国人まで動員されて攻撃するというなさりようは、必要ないと思われます。小身の武士を一人派遣されて『宗門のために籠城しているその要求は尤もであるから、一人ずつ城外に出て御成敗を受けよ』とさえおっしゃるならば、我々は納得するでありましょう」と通告したという（同上）。

一揆方の放った矢文とされるものが幾つか伝わっているが、その内容はだいたい似通っている。第一に「下々の我等」が籠城したのは「国家」を望んだり、「国主」に背いたりするわけではなく、したがって将軍徳川家光に不満をもったのでも藩主松倉勝家に不満をもったのでもない、という主張である。

第二にもっぱらキリシタンの信仰が迫害されたことに苦しめられたにもかかわらず、後生の救いを失わないために信仰の容認を求めて蜂起した、という主張である。

第三には現世のことに関しては将軍や大名には忠義を尽くす覚悟であると同時に、来世のことについては「天使」即ち天草四郎の下知に従うという主張である。正月十九日に細川忠利とその家老たちに宛《あ》てた矢文では「『天下様』即ち将軍に背くつもりはございません。『天下様』への謀反人《むほんにん》があったならば、キリシタンもその討伐のために奉公いたします。現世のことはこのようにいたしますが、後生の一大事については、『天使』の御命令に従い、退くことは致しません」とある（『新撰御家譜』）。

これらの主張は先にみた報告とも一致する部分が多く、矢文自体はかなり潤色の多い文章ながら、一揆の言い分をおおむね正確に伝えていると考えられる。もちろん矢文は一揆の指導者たちの言い分であるから、籠城した一般のキリシタンには別の言い分があったとみる余地もあるが、「上様」への怨恨か、「地頭」即ち松倉勝家への怨恨かという幕府上使衆の問に、「誰に対しての恨みでもない。この数年キリシタンを殺害なされたのだから、その数だけ人を殺すのだ」と原城内から答えた兵士もおり（『志方半兵衛言上書』）、「宗門」の存立という目的は、一揆側が広く共有していたとみてよいように思われる。

現世のことについては支配者に服従するが、後生のことについては信仰に殉ずるという論理は、実は何もキリシタンに特有のものではなく、戦国時代の一向一揆にもみられるものである。話は百五十年以上遡るが、文明《ぶんめい》六年（一四七四）に加賀では守護富樫幸千代《とがしこうちよ》と兄弟で元守護の富樫政親《まさちか》との間で対立が激化し、家臣や加賀国内の領民がそれぞれに味方して戦うという内戦が起った。その際本願寺門徒は富樫政親に味方して戦い、幸千代は敗北して加賀を逐《お》われ、政親が守護の地位に復帰した。

最初の加賀一向一揆として知られる事件であるが、その際本願寺住持の蓮如《れんにょ》は次のように述べて門徒の武装蜂起を是認した。「一般論として『百姓』身分の者が『守護』『地頭』など支配者に歯向うのは正義に反したことであるが、その守護富樫幸千代が信仰を迫害したのだから、信仰を理由として支配者に謀反するのは道理至極である」（『柳本御文《おふみ》』）と。

ここには原城に籠城するキリシタンと全く同じ論理がみられる。一向一揆の武士や民衆たちが信仰した「一向宗」とキリシタンとは、教義において異なるばかりか、島原・天草の地では両者が激しく抗争していたことは既に述べた通りである。にもかかわらず両者が同じ論理を主張していることには注目すべき点があるように思われる。一揆の指導者の中に広島牢人の子である「一向坊主」がいたと、熊本藩に捕えられた渡辺小左衛門が陳述しており(『新撰御家譜』)、あるいはその影響も考えられる。しかしもっと大きくみれば、原城のキリシタンも一向一揆の門徒も、教義内容を遵守した結果蜂起したものではないからではないか。彼らにとって大切だったのは教義のあれかこれかを選ぶことではなく、信仰をもつことそれ自体だったと思われる。この点はまた後に触れたい。

一揆への切り崩し

正月二十一日、一揆方から矢文が届いた。城中の大将分の者三名をどのようにでも御成敗下さって結構であるから、残りの籠城者は助命していただきたいとの申し入れであった。これに対して、松平信綱ら幕府上使は助命できないと突っぱねたところ、再度一揆方から申し入れがあり、それならば男子だけは総て御成敗の対象とし、妻子は助命していただきたいと要請した。これに対しても幕府上使は、大勢の人数を殺害した以上、虫一匹救うことはできない、と回答したという（『一揆籠城之刻日々記』）。

このようににべもない回答をする一方、二月一日には天草四郎の甥で熊本藩に捕えられた小平（小兵衛とも。八歳と伝える）を使者として、やはり捕えられた渡辺小左衛門と瀬戸小兵衛連名の手紙をもたせて城内に派遣している（同上）。キリシタン以外は助命することを大矢野の庄屋で四郎の姻族である小左衛門らの手紙によって伝え、籠城者に投降を促したのである。手紙の趣旨は大別して以下の五点になる。

原城址から出土した青銅製のメダイ　南島原市教育委員会所蔵

①　去年以来、原城から投降してきた「落人」は助命された上、金銀が与えられ、当年の年貢を免除されて皆ありがたがっている。

②　「天下様」即ち徳川家光は、キリシタンは処刑する一方、異教徒であったのに現在無理にキリシタンにさ

れている者は助命するとの御意向である。だから大矢野の者を吟味した上で異教徒は解放されたい。上使たちは、異教徒を解放すれば、代わりに我々を城内に送るとの御意向である。

③大将が天草四郎という者だというが、聞けば十五、六歳とのこと、その名を借りた者たちが祭りあげているに相違ないと上使たちはお考えであり、城から出るならば、四郎本人であっても助命するとの御意向である。

④巻き添えで無理やりキリシタンにされた者はもちろんのこと、今度のことで自発的にキリシタンになった者でも、今では後悔しているのなら城中から出て投降し、宗旨を改めれば助命なされるとのことである。

⑤もともと異教徒であった者たちを解放すれば、代わりに熊本藩に捕えられている四郎の母・姉・妹・小平を城内に派遣すると松平信綱・戸田氏鉄お二人の上使は明言された。我々も城中で死にたいから城中から出たい者を出していただきたい。

小平はこの手紙に加え、早く城内へ入りたいから異教徒を解放してほしいと訴えた、天草四郎の母（洗礼名マルタ）と姉（洗礼名レジイナ）との連名の手紙をもたされていた。これに対して一揆方の渡部伝兵衛ら四名の返事は、我々籠城者一同「天守（天主）」に対して身命を捧げる覚悟であり、異教徒を無理やりにキリシタンとしたことなどないことはあなたがたも御存じのはずであり、「落人」になりたい者は放置している、というものであった（同上）。

二月八日、松平信綱は再度、渡辺小左衛門と天草四郎の母・姉とに、それぞれ手紙を書かせて、先ほどの小平と四郎の妹まんに持たせて派遣し、籠城を強制されている者の解放を促している。小左衛門のものは、城内からはキリシタンになることを強制したことはないし、「落人」には構い立てをしないと通知してきたが、我々には偽りに聞こえる、として、先ほどの趣旨を繰り返したものである（同上）。城内からは「必ずパライソ（天国）にては会い申すべしと存じ」ており、「ともかくもデウス様の御計らい次第」であると書かれた手紙が戻ってきた（同上）。総てが信仰によって籠城しているわけではないことを見抜き、内部の結束を崩そうとする松平信綱の狙《ねら》いは明らかである。これに対して城中からは、決して崩れるはずのない信仰による結束を強調したのであった。

有馬直純の工作

ちょうど同じ頃に、やはり一揆方に対する工作が島原（有馬）地域の元大名有馬直純により行われていた。直純が日向国延岡藩の軍勢を率いて戦地に着いたのは正月二十六日、既に諸大名の軍勢は原城を囲んでひしめき、延岡藩勢は仕寄を設営する余地すらなかった。そこで直純は何とか別の手段で戦功を上げるために、籠城している元有馬家中の牢人らに働きかけ、交渉に応じさせることを、細川忠利、立花忠茂と相談した上で幕府上使松平信綱・戸田氏鉄に提案したのである。提案は受け入れられ、有馬家側で一揆方の応じやすいような矢文の文面を考え、松平信綱の添削を経た上で作成し、久留米藩勢から五本、柳川藩勢から五本、熊本藩勢から五本の矢文を射込んだのである（『有馬五郎左衛門筆記』）。

矢文には次のような内容が記されていた。この地は我々にとっても「古郷の地」である。その誼でそちらの籠城の目的を問いたい。もっぱら宗門に関するものなのであろうか、わが「譜代の地」なのでそちらの要求を詳しく聞き届けた上で幕府の御上使衆に上申し、然るべきように計らいたい。ついては書状ではなく直に談合したいから矢留を交渉し、日時を定めてこちらの使者を派遣し、城中か、それが叶わなければ塀際ででも談合したい。まず矢留の交渉のために、城内でも知る者の多いはずの田中刑《ぎょう》部少輔《ぶのしょう》を送るつもりである（同上）。

宛名は「益田四郎大夫」即ち天草四郎、山田右衛門作、芦塚忠右衛門である。最初の矢留の交渉のために派遣されることになっていた田中刑部少輔を「知る者も多いはずである」と述べていることなどから、一揆の指導者はもちろん、城内で中心的役割を果たしていた人々の中に、有馬家の旧臣で、直純転封の折、延岡行きに従わず牢人していた者たちが多数いたことが窺える。

翌日原城から矢文が到来した。二月三日に大江浜で、山田右衛門作、芦塚忠右衛門が出て、有馬家側の使者有馬五郎左衛門に会うとの返事であり、右衛門作、忠右衛門連名の矢文と右衛門作単独の矢文との二通が、一本の矢に結ばれていた。直純は二通の矢文を松平信綱のもとに持参し、これをみた信綱は戸田氏鉄にもみせ、さらに自分の「御扣帳《おひかえちょう》」に写した上で、矢文は江戸へ送ったという（同上）。

三日に有馬五郎左衛門は大江浜に出た。出がけに松平信綱は、山田右衛門作は「忠心これある者」つまり内応するつもりであることを五郎左衛門に含め、右衛門作が出てきた場合にはこちらにサインを送るよう指示した。五郎左衛門は、右衛門作が使者に立った場合には左手で扇を使い、芦塚忠右衛門が使者に立った場合は右手で扇を使うことを請合った（同上）。山田右衛門作は矢に結んだ矢文のうち自分単独のものの方で、松倉勝家殿の禄を食む立場でこのような一揆に加わるはずもなく、強《し》いられてやむを得ず参加していると弁明していたのである（『一揆籠城之刻日々記』）。

それによると自分が知行する村が一揆に加担して蜂起し、焼討ちを行い、殺人を強行したのでやむを得ず一揆方に加担した、途中何度か一揆から離脱しようと機会を窺ったが、監視をつけられ、人質を取られたため、やむを得なかったのだという。五郎左衛門殿に城内の様子を詳しく言上するつもりであるので、お目にかかりたいというのがその趣旨である（同上）。もちろん手紙の内容は、一揆方についたやむを得ない事情を強調した弁解とみるのが自然であり、総てを事実とみることはできない。しかし弁明としても、自分の統治する村が結束して蜂起したら、領主たる武士も行動を共にせざるを得ないではないか、との言い分はきわめて興味深い。いまだ戦国の気風が濃密であった時代の、武士領主と領民との関係を探る上で、多くを考えさせられる証言のように思われる。

交渉の場に出てきたのは山田右衛門作であり「三代御恩の殿様」の使者に会うためにわざわざ袴《はかま》をつけてきた、と述べたという（『有馬五郎左衛門筆記』）。五郎左衛門は右衛門作に有馬直純の手紙を渡し、右衛門作は病気のため出てこられなかった芦塚忠右衛門にもみせる、と言って懐にしまった。その後城中に通達すべき七ヵ条の覚書を五郎左衛門が伝え、右衛門作からの返事を、五郎左衛門が筆記して会見は終わった(同上)。この筆記は会見の後、五郎左衛門から信綱に進上した(同上)。

内応の露顕

ところがこの後二月五日に城中から矢文が到来して以降、一揆方は有馬直純を介した交渉に応じなくなったらしい。二月六日に有馬直純は「もはやこれ以上矢文は無用であるとのことだが、もう少し談合したい」と呼びかけ、二月九日にはさらに「もう一度談合して、交渉に合意するならば、延岡藩勢のみ残して、諸勢に引上げていただくよう幕府上使衆に申上げてもよい」と呼びかけたが一揆方は応じなかった(『有馬五郎左衛門筆記』)。さらに十三日に有馬五郎左衛門の呼びかけに応えて矢文が二通、二月十六日にまた返答がない理由を尋ねたことに対して矢文が二通来た(同上)。後者に対して有馬直純は、鎮圧軍の諸勢に引上げてもらい、我々だけで談合できるよう計らう用意があるとの主張を繰り返したが、その後落城まで音信は途絶えたようである(同上)。

鎮圧軍に味方して、旧主有馬直純のために尽力することを決意した山田右衛門作は、配下七百人のうち、五百人と一味することに成功し、鎮圧軍を手引きして三之丸に入らせ、放火させたところで、自分は天草四郎に城中からの脱出を進言して四郎を誘拐し、生け捕りにすることを計画した（『山田右衛門作口書写』）。その手筈を二月十八日に直純に矢文で送ったのだが、有馬側では矢文を見つけるのが遅れ、二十一日の晩に直純から送られた矢文が、原城内の他の者に見つけられたことから内応が露顕し、山田右衛門作は一族共に一揆方に囚われの身となったのである（同上）。

落城前日の二十七日、女房と子供は本丸で斬《き》られ、自分も処刑されるところを鎮圧軍の城攻めが始まったため放置され、縛られながらもその場から避難しているところを小倉藩軍の足軽に捕えられた（『有馬五郎左衛門筆記』）。鎮圧軍に救出されることになった山田右衛門作は旧主松倉勝家に預けられ、松倉家家臣に付き添われて有馬直純の陣に参じ、大江浜での交渉相手有馬五郎左衛門と再会した。その時右衛門作は、直純からの手紙を折りたたんで大事に懐に入れていたため、処刑場から避難する際に胸に鉄砲の弾丸が当たったものの、体まで貫通しなかったと述べ、五郎左衛門ともども、殿の「御書」は「矢違いの御書」即ち矢を除《よ》ける力のある「御書」だと言って感じ入ったという（同上）。

ところで山田右衛門作が鎮圧軍に寝返る覚悟を決めたのは、大将の天草四郎が本丸で囲碁を打っていたところ、鍋島軍の井楼から発射された鉄砲の弾丸が天草四郎の左の袖を撃ちぬき、側に居た者たちが射殺されたことだったという。これをみた周りの者は「四郎殿さえ弾丸に当たり、その上側にいた者が射殺されるとは不吉なことよ」と落胆し、気勢をそがれた。その一部始終をみていた右衛門作も気勢があがらず有馬直純の矢文に応じようと思い至ったのだという（『山田右衛門作口書写』）。天草四郎が不死身であることを信じてつき従う一揆の心性と、旧主の「御書」を「矢違いの御書」として感動する有馬家中の武士の心性と、敵対する両者の心性には案外共通するものがあるように思われる。

落人の増加

以上述べてきたような鎮圧軍からの働きかけのせいか、原城からの「落人」の史料は、正月下旬から二月にかけて目立つようになる。正月二十六日未明に福岡藩の仕寄に落人がやってきた。上使の陣所に連れていかれ、尋問に答えたところによれば、天草の百姓八介という者であり、キリシタンではなかったけれども、唐津藩勢が天草で戦死した折に一揆方に捕えられたという。最近監視が緩やかになったのに乗じて投降してきたとのことであった（『黒田続家譜』）。

八介の証言では兵粮も乏しくなり、薪も乏しい様子であるが、これまで縛られていたので詳しいことは分らないとのことであった（同上）。また城内にいる者たちのうち、「本キリシタン」即ち蜂起以前からキリシタンであった者は堅く結束しており、「無理なりの者」即ち乱の中で強制されて改宗した者たちは厳しく監視されており、彼らはお互いに囁《ささや》きあうことさえままならないとも証言している（『一揆籠城之刻日々記』）。

正月晦日に「落人」が投降してきた。彼は水汲《みずく》みに出る、と言って検問の者を騙して投降してきたとのことであった。城内の様子を尋問したところ、投降したがっている者は多いが監視が厳しくなかなか実現し得ない状況とのことである。城内の者のうち半分は出撃して活路を開こうと主張し、残りの半分は、それは犠牲が大きくて無意味であるし、第一敵地で討死するよりは城内で討死することこそ本望だと主張していると述べた。さらに、尤も出撃を主張する者たちも内心は鎮圧軍から竹束や、弾薬を掠奪したいと考えての主張である、と証言している（『池田家・島原陣覚書』）。

二月九日には佐賀藩勢のところへ「落人」があり（『一揆籠城之刻日々記』）、十二日には、それぞれの軍勢へ原城から落人があった（『島原覚書』）と報告されている。十六日には熊本藩に年頃十八、九歳の落人があった。この者の親や親類は籠城していないのだが、近年身売りをしたため、城内の者に仕える身分として籠城する羽目になったのであり、逃げ出す際についでに脇指《わきざし》と鉄砲一挺を盗み出したという（『御家中文通之内抜書』）。城内は兵粮が不足し、下々の者にはここ一両日支給されていないと述べ、城内の監視の者たちも少々眠っていると証言している（同上）。

松平信綱の家臣長谷川源右衛門は、山田右衛門作の証言として籠城者は三万七千人、但し「惣責め」の時は二万三千人と記している（『一揆籠城之刻日々記』）。落城後三月十日に報告された松倉領内のキリシタン住民の総数二万三千九百人弱（『島原記』）からみて妥当な数字だが、落城時三万七千人という幕府の公式発表とはかなり異なる。一方、右衛門作は、延岡藩士有馬五郎左衛門に二月初頭の会見で四万七千人と答えている（『有馬五郎左衛門筆記』）。現在の島原市・南島原市南有馬町の人口総数約五万一千人と比較して相当多いが、「扶持方《ふちかた》」を改めた「帳面」即ち籠城者に兵粮を支給するための帳簿に基づいた数字とされ、一概に捨て難い。正確な数字は不明であるが、三万七千人が二万三千人に減少したとみても、四万七千人が三万七千人に減少したとみても、いずれの想定でも落城までに一万人以上が城を去ったことになる。「落人」はかなり多かったと考えられる。

四郎の法度

原城落城からほぼ一月後の三月二十三日、細川忠利は江戸の留守居役に宛てた書状で、落城の折にキリシタンの「四郎法度書」を見つけたから写しをお目にかける、と述べている（『部分御旧記』三）。それと同じかどうか不明であるが、永青文庫《えいせいぶんこ》には「二月朔日」付の「益田四郎ふらんしすこ」（天草四郎の洗礼名を「ふらんしすこ」と伝える史料もある）なる者の書いた掟書《おきてがき》がある。主な内容を拾い出してみよう。

①今度籠城した者は、多くの罪を犯し教えに背いて、後生の助からない身の上となったにもかかわらず、格別の御慈悲によって籠城の人数に加えられたことの恩をよくよく思って奉公することが肝要である。

②オラショ（祈禱）、ゼジュン（断食）、ジシピリナ（鞭打ちの苦行）だけが善行ではなく、城内の普請、異教徒の攻撃の防衛、戦闘総てが御奉公である。

③今生は一時的なことであり、殊に籠城の衆にとっては短いはずであるから、日々の懺悔・礼拝・祈禱に専念すべきである。

④親類や仲間の異見に背く我儘《わがまま》な籠城者もいるが、愛情をもって異見を加えよ。今籠城している者たちは「後世までの友達」になるはずであるから、指導に従う

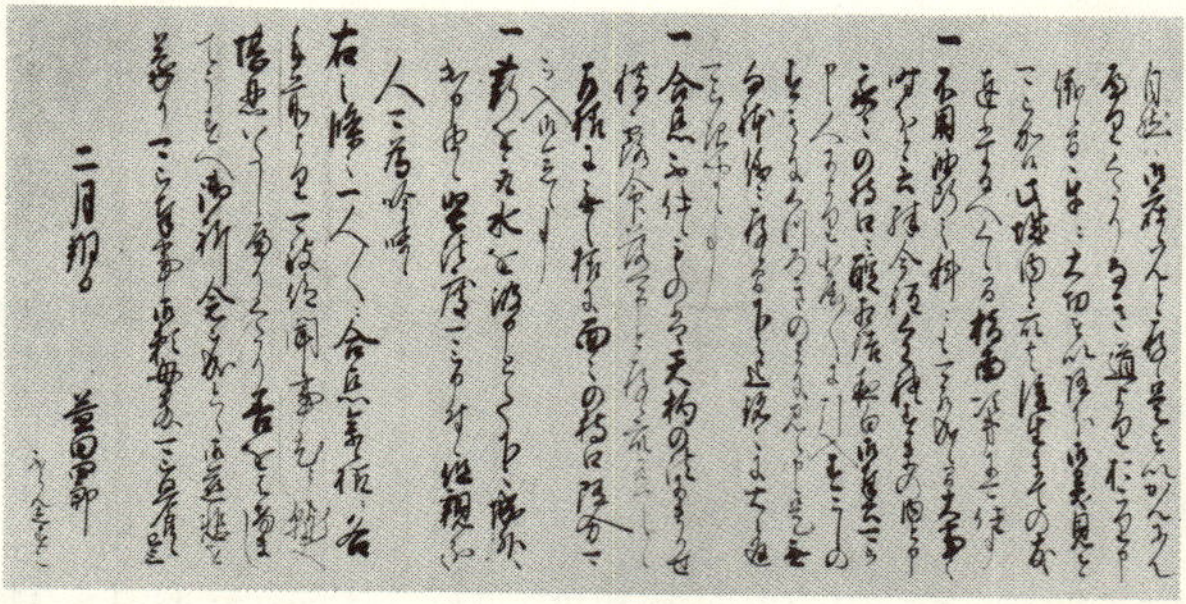

四郎法度書　寛永十五年二月朔日付、永青文庫所蔵（熊本大学附属図書館寄託）。展覧会図録『天草・島原の乱』より

ように。

⑤　いささかの油断があってもならない。殊に今はクワレズマ（四旬節）であり、油断ない奉公が肝要である。防衛態勢に油断のみえるとはもっての外であり、下々にも申付けよ。

⑥　薪取りや水汲みにかこつけて城外へ出る者が下々には多いという。厳しく取締るように。

籠城して戦うことが「後生」の救済となることが説かれている。特に臨戦態勢のなか、遠からず戦死するはずだという覚悟を感じさせる緊迫感に満ち、籠城者は「後世までの友達」との言葉は胸を打つものがある。一方、薪取りや水汲みにかこつけての逃亡者を取締るよう厳命していることは、そのような者が跡を絶たなかったことを窺わせる。先ほどみた「落人」にも水汲みにかこつけて投降した者がいた。前年に一揆に包囲されていた島原城内と同じく、原城内でも、いつ内応するか分らない籠城者が無視できない比重を占めていたのである。「後世までの友達」を取り巻く状況は厳しいものがあった。

下々の餓え

二月二十一日、一揆方は城から出撃して黒田・寺沢・鍋島・立花・松倉の諸勢に夜討をかけた。結局一揆方は城内へ撤退し、鎮圧軍方は二百九十余の首級《しゆきゆう》をあげ、七人を生捕りにしたが(『一揆籠城之刻日々記』『綿考輯録』)、鎮圧軍方にも黒田監物《けんもつ》など九十人近い戦死者と二百六十人余の負傷者が出た(『一揆籠城之刻日々記』)。この時生捕りにされた者が、松平信綱の前で供述したところでは、このまま飢え死にするよりは、どうなろうと打って出るべきであるとの意思統一により、天草四郎の指揮する軍勢は黒田・寺沢・鍋島の陣へ、四郎父益田甚兵衛の指揮する軍勢は浜手へ出撃したという(『綿考輯録』)。

松平信綱・戸田氏鉄が二十三日、大坂城代に報告したところでは、前夜座頭(視覚障害者)が一人細川忠利軍に投降したが、その者の言い分では、城内にも夜討の際の負傷者が相当数いるとのことである。一方、生捕りにした者たちが言うには城内に米はなく、大豆・胡麻《ごま》などを食べ、鎮圧軍方の船が出ない悪天候の日はわかめなどを取って食べているとのこと、一揆方の戦死者の腹を割いて検分したところ、ほぼ生捕りの者の供述通りであった（『島原日記』）。また同じ報告の中で、大半が大豆・胡麻しか食べられない中で、腰に米をつけた一揆の戦死者や、焼き飯を携帯した戦死者がいるのは不思議である、と信綱らは報告している。さらに生捕りにされた者が、主だった者はまだ米が食べられるが、下々の者の大半は餓えていると供述したと、同日の別の報告に記している（同上）。

夜討の翌日に原城から五十人ほども「落人」がやってきた。彼らはキリシタンではなかったのに、無理に城中に捕縛されていた者たちなので、投降後総て解放されたという（『黒田続家譜』）。食糧の不足と、一揆方の敗北により、城内の統制は破綻《はたん》を来し始めていたと考えられる。だが鎮圧軍方もそれほど楽観できる状況ではなかった。熊本藩士堀江勘兵衛は、一揆方の夜討の後、鎮圧軍にも「落人」が数多く出たため、戦陣から船で出ることは制限され、松平信綱の判をもっていない船は出ることができなくなった、と二十三日に報告している（『綿考輯録』）。名だたる武士をはじめとして九十人近い戦死者と二百六十人余りの負傷者を出した戦いは、鎮圧軍にも動揺を与えたのであろう。一揆方といい、鎮圧軍といい、どちらにも「下々の者」が無視できない比重を占めていたことは既に述べた。その「下々の者」たちは、飢餓と戦死の恐怖とに向き合うという極限状況の中にいた。

強き男女の死

よく知られるように二月二十八日に原城は鎮圧軍の手で攻略される。天草四郎も熊本藩の陣佐左衛門《じんのすけざえもん》の手で討取られた。対する鎮圧軍は死者千百三十人、負傷者六千九百六十人（『島原記』）とも、死者約二千八百人、負傷者約七千七百人、所属の分らない者を加えると死傷者約一万二千人（『有馬一件』）ともいわれる。総勢十二万人の一割にも届こうという死傷者数は、激しい戦闘を物語る。

従来の研究では、籠城した三万七千人は山田右衛門作一人を除いて皆殺しになったとされているが、捕虜になった者、逃げた者も少なくなかったことが服部英雄氏により指摘されている。確かに細川忠利自身が「城中の者の生捕りは多い」と報告しているし（『綿考輯録』）、天草四郎の小姓《こしよう》十二人が福岡藩の軍勢に投降し、松平信綱が「いずれも良い子供たちである」として、松倉勝家に預けたとする記録（『原城温故録』）もある。また落城後に山狩りが行われた折、鍋島家の手の者が「落人」三名を隠し、船で落ちのびさせるところを目撃されたという細川忠利の証言（『綿考輯録』）をみると、一揆総てが皆殺しにされたと考えることは難しい。

もちろん大軍の攻撃のなかで、城中から逃げのびたり、無事に投降したりすることが至難の業であることは間違いないから、多くの者が殺害されたであろう。細川忠利が「キリシタンはことごとくなで斬りにした。城内に三万七千人の男女がおり、そのキリシタンを残らず殺そうとしたため、鎮圧軍の手負・死者も多かった」（『部分御旧記』三）と述べていること、松平信綱・戸田氏鉄も戦闘で討ち洩らした者を捜索して残らず殺したと報告していること（『島原日記』）をみれば、無差別殺戮が行われた局面のあったことは否定できない。だが、城内にいたのはキリシタンのみではなく、それまでに「落人」がしばしば出たことをみれば、最後の「惣責め」の時はいざ知らず、籠城者が皆殺しにされたという見解は、全員殉教という印象に基づいている部分が少なくないように思われる。

もちろん最後まで降伏を拒否し、城内の家が燃えているなかで、その火を手で押し上げ、中に入って自害した人々が大量にいた（『部分御旧記』三）。「小袖を手にかけて」焼け死んだり、燃える家の中で子供とともに死んだ人々も多かった（『綿考輯録』）。だがこれは殉教ではない。キリスト教で自殺は厳禁されているからである。かつて加津佐にいたキリシタンがその妻と、どちらかが先に死んだらもう一方は自害して後を追う、という約束をしていたため、妻の死後五十四日目に妻の墓前で自殺するという事件があった。遺族がこのキリシタンの遺品を教会に寄付しようとしたところ、宣教師たちは自殺が「主なるデウス様に対するきわめて重大な罪」であることを理由に寄付を拒否した（フロイス『日本史』第二部第一二七章）。

キリスト教にあって人間は神のしもべであるから、その命は神の所有である。したがってしもべの分際で主なる神の財産である命を損なうことは許されない。だから教義をやかましく言う立場からみれば、籠城したキリシタンの信仰が正統な教義に基づいていたかどうか、疑問をはさむ余地はあるかもしれない。しかし彼らが信仰に基づかない人生、言い換えれば困難に向き合う自信と勇気とを剝奪された人生を拒否したことは疑う余地がない。「なかなか奇特なる（ずいぶん立派な）下々の死」（『綿考輯録』）、「さてさて強き男女の死に様」（『部分御旧記』三）とは熊本藩軍総大将細川忠利の感懐である。自害していくキリシタンに忠利は、あるいは「奇特なる」「強き」女性であった母の俤《おもかげ》をみていたのかもしれない。

キリシタン摘発の本格化

島原の乱が幕府に与えた衝撃は大きかった。一揆に関係したキリシタンたちが厳しい摘発により処刑されただけではなく、島原城主松倉勝家は大規模な蜂起を許した責任を問われ、領地を没収され斬罪に処せられ、寺沢堅高は天草を没収され、そのため後に自害し、絶家となった。島原領には高力忠房《こうりきただふさ》が、天草領には山崎家治《いえはる》が入部した。戦乱による荒廃のため、島原・天草ともに近隣諸藩からの住民入植を図らなければならなかった。諸大名の、一揆への対処を遅らせる原因となった「武家諸法度」の、命令があるまで自領のみを守備すべしとの条項は、寛永十五年（一六三八）に、国法に反する行為などについては幕府の指示を待たず隣国の者も協力して対処するべきものと改訂された（『徳川実紀』『徳川禁令考』『島原日記』）。

島原の乱は幕府の外交政策にも、国内の対宗教政策にも決定的な影響をもたらした。乱鎮圧の翌年の寛永十六年（一六三九）七月、ポルトガルと断交した（『御触書寛保集成』等）ことは著名である。交易を続けたオランダに対してもオランダ商館を出島《でじま》に移し、日本人との交流を制限するなど、日本人とヨーロッパ人との交流は幕府の厳格な監視体制の下に置かれ、特にキリスト教の宣教は厳禁された。

また幕府の主導するキリシタン摘発が始まり、宗門改を行う寺請《てらうけ》制度が確立していくきっかけとなった。寛永十五年（一六三八）には江戸で大規模なキリシタン摘発が行われ、十二月には諸大名にも領内のキリシタン取締りが命じられた(『御触書寛保集成』)。さらに松平信綱・戸田氏鉄らとともに上使として乱の鎮圧に従軍した大目付井上政重《まさしげ》が寛永十七年に宗門改役となって以降、諸藩と連携した、広域にわたる組織的なキリシタン摘発が行われた。

大橋幸泰氏によれば、井上の指導のもとにキリシタン摘発を行った岡山藩の場合、岡山城下のキリシタン摘発も井上が全国にわたって収集していた独自の情報網により行われたという。加賀藩の場合も、藩独自に摘発したキリシタンはほとんどないので、藩主前田光高《みつたか》が、井上の手前一層の努力を家臣に命じるほどであった(『本多氏古文書等』)。摘発を担当していた加賀藩重臣の家来が井上の情報で訴追されたこともあった(同上)。井上の、独自の情報に基づいた徹底した摘発の様相が窺える。

島原の乱以前は、摘発されたキリシタンは主に武士層のものが多かったのに対し、乱後の摘発は武士のみならず広く一般庶民層に向けられていたことも特徴である。社会全体に及ぶ、徹底したキリシタン摘発は島原の乱をきっかけに始まったといえよう。

第六章　一揆と信仰とのつながり

これまで島原の乱をみてきて、何といっても強く印象づけられるのは、一揆の目的がキリシタン信仰の容認であり、飢饉も重税もこうした要求を先鋭化させるきっかけに過ぎなかったということである。一揆にとっては信仰それ自体が、蜂起の最大の眼目であった。

それと同時に、一揆といえば民衆の集団とは必ずしもいえない点も目につく。一揆指導者の多くが武士身分の牢人である一方、島原藩や唐津藩の軍勢にも村の住民が参加していた。なかには村ぐるみの参加もみられ、これらは村自身の判断によると思われる。単に支配者に動員されただけではなく、民衆は自らの判断でも味方すべき陣営を選んだのである。

また信仰の迫害は個人の内面の自由を侵害する行為であるが、これを行ったのはキリシタンを迫害した支配者や僧侶だけではなく、異教徒に信仰を強制したキリシタンも同様であった。一揆による信仰強制を逃れて熊本藩に来たり、原城から落人として投降したりした者も少なくない。必ずしもキリシタンは民衆の多くから支持されてはいない。

どうやらこの島原の乱には、民衆が変革の主役で支配者は反動的敵役、あるいはキリシタンが民衆の側でその反対者は支配者の側という、善悪二元論風の図式になじまない何かがあるように思われる。その「何か」をここではできるだけ具体的に考えてみたい。

信仰をめぐる民衆の対立

キリシタンと「日本宗」

第三章「蜂起への道程」でみたように、キリシタン一揆蜂起の背景として、大飢饉や重税という困難な状況に臨んで、「非常の場合にはデウスにすがる」という、迫害以前には可能であった行動が禁じられていたこと、即ち困難に向き合うための信仰が奪われていたことがあげられる。しかし大飢饉や重税という困難はキリシタンではない民衆にも同様だったはずであるが、彼らは大した信仰もなく、この困難を切り抜けてこられたのだろうか。イエズス会宣教師たちの記録をみれば、キリシタン大名の統治下でもキリシタンと「異教徒」との軋轢は絶えなかったことが窺えるから、非キリシタンの民衆にも信仰はあったことが分る。

確かに彼らの表立った行動は知られていない。たとえばこれまで再三述べたように、キリシタン大名の下では仏教など日本の在来信仰、キリシタンのいう「異教」は迫害されていた。だが「異教徒」たちが、キリシタン大名に対して一揆を起したようなことは知られていない。日本の在来信仰には、もともと他人への信仰強制はなかった。最初に来日したイエズス会宣教師フランシスコ・ザビエルがいち早くこれに注目し、日本では男女共に「各人が自分の意志に従って」宗派を選ぶのであり、「誰に対してもある宗派から他の宗派に改宗するように強要することはしません」と報告している（『イエズス会日本書翰集《しょかんしゅう》』訳文編之一〔下〕）。だからキリシタンのように大名を動かして権力によって信仰を強制したり、他宗を攻撃したりする行動が比較的少なかったのかもしれない。

しかしキリシタンが大名を動かしてこうした行動に出れば、僧侶も檀徒もやはり同様の対抗手段をとったことは想像に難くないし、事実、機会を捉えてはキリシタン信仰が戦争や災害をもたらすという、大規模な反キリシタン宣伝を行ったとの証言は少なくない。仏教徒たちも自らの信仰を主張してキリシタンを攻撃していた。このような点からみれば、仮に表立った行動はしなかったにしろ、キリシタンではない民衆もやはり自分の信仰をもち、それを力にして大飢饉や重税を切り抜けようとしたと考えた方が自然である。

そうしたキリシタンではない民衆の信仰を知る手がかりとして、彼らの信仰がどのようにみられていたかに注目したい。島原・天草でキリシタン蜂起が起った直後、この蜂起を避けて熊本藩に、自分は「日本の宗門」であると主張して逃れてくる牢人が多かった。そのため国家老たちは、十一月二日、これらの者の宗門を厳しく改め、キリシタンの道具を所持していないか、裸にしても調べるよう命じている（『綿考輯録』）。また天草のキリシタン蜂起について十一月五日に、それぞれの村の状況を熊本藩士島又左衛門らは報告しているが、キリシタンとして蜂起した村を「キリシタン」と呼ぶ一方で、キリシタンでない村は「日本宗《にほんしゅう》」であると報告している（『御家中文通之内抜書』）。

キリシタンに対抗する信仰が「日本の宗門」「日本宗」と呼ばれていたことが分る。これに対して第一章でみたように、一揆蜂起を煽動した有馬村の新兵衛は「南蛮の取出し」つまり「南蛮」（ポルトガル）の砦《とりで》と呼ばれていた（三二〜三三ページ参照）。さらに松平信綱も、原城に籠城した一揆が籠城の「百姓」たちに対し、我々は

「南蛮国と通じているから、おっつけ南蛮から加勢が来る」と煽動していると述べたという。キリシタンは「南蛮」の宗教、それに対抗するのは「日本」の宗教と見なされていたことが窺えよう。

南蛮と日本

一揆の後に編纂《へんさん》されたという『高来郡一揆之記』には、松平信綱がオランダ船を雇って原城を攻撃した際、一揆方が「下々の一揆に対して外国まで動員されるとは、外国における日本の評判を落とすだけではないか」と詰ったところ、鎮圧軍に動員された雑兵たちは、「お前たちこそ日本人なのに、何故異国の風俗を真似《まね》してキリシタンになるのか」と応酬したことが記されている。まるで一揆は南蛮の真似だといわんばかりの記述であり、後世に潤色されたものだろう。しかし自らの宗旨を「日本の宗門」と呼ぶ民衆には、キリシタンが南蛮の宗旨であるとする意識は強かったと思われる。キリシタンの側も一揆蜂起に際して、「現在の事態は人間の力で現出できるようなことではないし、まして日本人のこれまで知っているような事態ではない」と、蜂起の理由は「日本人」には分らないことだと主張していた（一一七ページ参照）。

もちろん一揆方が、自分たちは日本人ではない、などと思っていたわけではない。

日本の下々の蜂起に対して外国を動員するとは何事かと鎮圧軍を詰ったように、一揆方も自分たちは日本人である、との意識を強くもっていたことは明白である。キリシタンたちは、日本人の宗門ではない南蛮の宗門の蜂起、との非難を浴びていたことになる。しかし当時の人々にとって、島原の乱が「南蛮」のキリシタンと「日本宗」徒との対立とみえたことは、否定できないように思われる。

キリシタンは日本ではない「異国」の、しかも日本を侵略しかねない「異国」のものとみる思考は、従来の研究ではもっぱらキリシタン禁令を発した幕府はじめ支配者のものと見なされてきた。確かに慶長十八年十二月（一六一四年二月）に発令された「伴天連追放之文」が、キリシタン禁制の理由の第一に「邪教」を弘めて日本を領有する野心をあげていることをみれば、こうした観点は事実の一面を捉えているといえよう。しかし島原・天草地域の人々に自分は「日本の宗門」と主張してキリシタンから逃れる人々のいたこと、キリシタンに加担しない村々が「日本宗」の村と呼ばれたことをみれば、キリシタンを「異国」の、日本にとって少なからず敵対的なものとみる観点は支配者のみのものではないように思われる。

第一章でみたように、島原藩側に味方し、一揆と戦った村々もあったし、第四章でみたように、一揆と戦って討死し、一揆方に梟首された三宅重利の首に向い、自分の村の領主であったとの理由で手を合わせた御領村の内蔵丞という住民もいた（一四六ページ参照）。島原城を包囲する一揆の群れからわざわざ抜け出して搦め手の城門まで来て、城内に一揆への内応を企む者がいることを、藩士に密告した女性もいたと伝えられる（『佐野弥七左衛門覚書』）。彼女は「自分はキリシタンではなく、十一歳になる弟の行方を捜して一揆の中に入っていたため、一揆方の会議を図らずも聞いた」と述べたという（同上）。キリシタンに対する支持・不支持は相半ばしていたといえよう。

そもそもキリシタンではないことと信仰がないこととは別である。神仏への信仰篤かった者たちにとって、キリシタン大名支配下の野放図な神仏迫害と信仰強制とが、どのように鬱積《うっせき》した感情を残したかは想像にたやすい。あれだけの迫害の中で「異教徒」が残ったことを思えば、キリシタンに対する鬱積した感情は決して小さいものではなかったと考えられる。このようにみれば、神仏を信じる者にとって島原の乱の勃発は悪夢の再来だっただろう。かつての迫害と信仰強制が再び現実のものとなった時、あえて「日本の宗門」「日本宗」を選んだ人々にも、命を賭けるに値する信仰があったのではないか。「南蛮」と「日本」の対立という観点は、このようにみれば民衆の観点でもあったといえよう。

伊勢の神への信仰

しかし「日本の宗門」「日本宗」とはいったい何だろうか。これらが実態としてきわめて多種多様な宗派を含んでいたことは明らかである。仏教だけについても、大雑把に「八宗九宗」と豊臣秀吉が呼ぶように多くの宗派があったし、神祇《じんぎ》信仰についても、宣教師が戦の神と報告した八幡神への信仰や、皇祖神とされる伊勢の神へのそれをはじめ、多様なものがあり、とうてい十把ひとからげに「日本宗」などと命名することはできない。

しかし、島原の乱においては、キリシタンに対立するものは「日本宗」と呼ばれた。その中に「真言宗」や「一向宗」などが含まれていたことはこれまでみてきた通りである。これらが何故一括された「日本宗」にみえるのだろうか。これらの信仰の中に、宗派・宗旨と呼べるような体系的教義、伝道のための組織、そして信者を結集する教団をもたないけれども、多くの宗派が含んでいるような信条や思考が底流しており、それが「日本宗」の標識となっていたように思われるのである。

このような日本の宗教のありようを探るために、キリシタンや宣教師の見方を手がかりとしたい。イエズス会日本管区長マテウス・デ・コウロスが、一六二一年に行った「日本におけるキリシタン迫害の諸原因に関する報告」の中で、キリスト教とイエズス会とから日本を救ったとして伊勢の神が日本人から感謝されている、と述べていることが注目される。コウロスが述べている事件は、慶長十九年（一六一四）八月から翌年三月にかけて日本でかなりの広い地域にわたり、断続的に起った伊勢踊《いせおどり》である。

これについてコウロスは、徳川家康の命令で伊勢の神の栄誉のために踊りが行われたこと、その際日本人の、踊りの時にはそれに合わせて歌を歌うという慣習に従って、この時も宮廷から命じられた歌が歌われ、その歌の内容は「異国の野蕃人が日本を奪いに来た。しかし神の国であるからそれはできないだろう、立ち去れ、立ち去れ」というものであったことを報告している。

コウロスの報告を日本側の史料と突き合わせて検討してみよう。まず伊勢踊が家康の命令で起ったとは考えられない。家康は翌慶長二十年（一六一五）三月に花火を打ち上げるなどあまりに盛り上がり過ぎたとして、伊勢踊を禁止している（『駿府記』）から、自然発生的なものだったのだろう。一方、「異国の野蕃人」云々《うんぬん》の歌は歌われたのだろうか。『当代記』に伊勢の神が「ムクリ（蒙古《もうこ》）と合戦した」との噂が流れていると記されていることが注目される。また高木啓夫氏によると、土佐《とさ》国では慶長十九年（一六一四）十一月から伊勢踊が始まり、翌年二月には土佐神社で伊勢踊が行われ「御伊勢山田の神祭り、ムクリ・コクリ（高句麗《こうくり》）を平らげて、神代・君代の国々の、千里の末迄《まで》豊かにて、老若男女・貴賤《きせん》・都鄙《とひ》、栄え栄うるめでたさよ……」との歌が歌われた。「ムクリ・コクリ」は鎌倉時代のモンゴル襲来以来、異国から日本に来襲する存在と信じられてきたものであり、歌に関するコウロスの報告は事実と考えられる。

確かに伊勢の神が日本を守ったことを讃《たた》える伊勢踊が行われたといえよう。だがそれは自然発生的な、民衆を主体とするものだった。民衆主体の伊勢踊の要因として注目されるのは、この年の四月から八月にかけて断続的に諸国に起った大雨と洪水である。四月・五月に畿内・東海地方で大雨、洪水があり、五月二十九日、伊勢神宮に雨が止むよう祈禱せよとの天皇の命令があった（『孝亮宿禰《たかすけすくね》日次記《ひなみき》』）。七月十一日に伊勢神宮はその祈禱を行ったとの報告書を出している（同上）。八月にも畿内、東海道、関東で大風雨、洪水が起った。

この大風雨のさなかの八月九日、『当代記』によると伊勢の神が伊勢国の野上山へ飛び移り、二十八日に山田へ戻る、その時には雷鳴や大風が吹くとの託宣があり、参《さん》詣者《けいしゃ》が続出したという。さらに二十八日には託宣通り雷鳴と大風があり、霊験が取沙汰された。こうしてみるとこの年の大雨、大風に対して神の加護を期待するために伊勢踊が行われたと考えられる。伊勢踊を行わない国々は飢饉に襲われ、疫病が流行るだろうと取沙汰されていた（『山本豊久私記』）こともこの文脈で考えられよう。伊勢の神が、非常の際に日本人のすがる神だったことが窺える。

伊勢の神と「神国」意識

日本の民衆が伊勢の神にすがったのはこの時が最初ではもちろんない。実をいえば、これより百四十年ほど前の文明《ぶんめい》五年（一四七三）五月に疫病が流行した時も、人々が伊勢の神の力にすがったことが知られる。五月七日には奈良の興福寺《こうふくじ》で薬師図絵供養が行われ、さらに三十日には興福寺の僧侶たちによって、伊勢の神への祭りが行われた。神への捧げ物を行う時には、「冥土より、蒙古の牛ぞ来りける、浜吹き返せ、伊勢の神風」との歌を歌うことになっていたという（『東院年中行事記抜書』）。疫病を「蒙古の牛」つまりは外国からの災いと見なし、これを撃退する「伊勢の神風」にすがったわけである。

このように外国から来る災いから、日本を神々が守護するという観念を「神国」意識と呼ぶが、高木昭作氏によれば、こうした考え方は中世に現れ、神は仏が日本に姿を変えて現れたものとみる本地垂迹説《ほんじすいじゃくせつ》を援用し、日本の神を中核にすえて仏教を再解釈するという作業によって思想として体系化されていったという。尤も唯一神道の創始者吉田家が説くような体系化された「神国」思想を、一般庶民が了解していたとは思えない。しかし一般庶民にも日本は「神国」とする観念はごく普通に存在したと思われる。

中世後期から近世初期にかけて成立したとされる『御伽草子《おとぎぞうし》』にも「日本は神国であるから、侍の武力だけではうまくいかない。『大日の法』という現世の祈禱、来世の仏法である秘法の兵法を入手すれば、日本を動かすことができる」と、源義経《よしつね》が蝦夷《えぞ》ケ島に渡る話がある(「御曹子島渡《おんぞうししまわたり》」)。同じ『御伽草子』には、源頼光《よりみつ》以下の勇者たちが大江山《おおえやま》の鬼酒呑童子《しゅてんどうじ》を退治する有名な話も収められているが、それは「昔わが国は神国とはいいながら、仏法も盛んであり、王法もきちんとしていて政治も正しく行われていた」との書き出しで始まり、源頼光は部下の綱《つな》、公時《きんとき》、定光《さだみつ》、季武《すえたけ》を住吉《すみよし》神社や熊野《くまの》神社に派遣して参籠《さんろう》させ、願を立てさせ、「日本は仏法神国であるから」願は神に届いたとの神託を受け、勇んで鬼退治に出発する(「酒呑童子」)。

このような「神国」日本における神の加護を期待する思考は、戦国時代の武士たちの間にはかなり広く見出すことができる。神は正直な者を加護するとの信条がみられるが、困難に臨むに際して正直の実践を行った武士がいた。出雲《いずも》国の武士多胡辰敬《たごときたか》は若い頃京都で京極《きょうごく》氏に仕えた後、父の死により故郷の尼子《あまご》氏に奉公することを決意したが、その時「日本は神国だからと自分に言い聞かせ、心を正直に保ち、神仏を信じる力を頼りに三十八歳の時国に帰り、命を捨てて名を重んじて何度かの忠義を行った」(『多胡辰敬家訓』)と回顧している。北条早雲《そううん》が作ったものと伝えられる『早雲寺殿廿一箇条』には、神仏を礼拝する時は「正直で公正な」気持ちが第一であり、これがあれば殊更祈らなくとも神の加護があるし、祈っても心が曲がっていれば「天道《てんとう》に見放される」と記してある。

「神国」日本を守る神々を信じることによって、困難と向き合おうとする人々が当時の日本には少なくなかった。こうした考え方はキリシタンの盛んであった天草地域にもあった。天草で代官をしていた者の父親は伊勢の神を信じ、伊勢神宮への巡礼をしたいという願いを遂げたものの、主君の寵愛を失い死んでしまったため、それをみていた息子の代官はすっかり心変わりして領民のキリシタンに教会建設を許可したという(ジョアン・ロドゥリーゲス・ジラン「一六一一年度、日本年報」『十六・七世紀イエズス会日本報告集』第二期一)。代官の父親が現世利益を叶えるために伊勢の神を信じていたこと、息子の方は伊勢の神が無力とみるやキリシタンに鞍替《くらが》えしたことが知られるが、伊勢の神を、現世の困難と向き合う力として信じるという行動様式が天草にもみられたことが分る。

伊勢の神を信じ、伊勢神宮に参詣するという天草の代官の父親にみられるような信仰の形が島原・天草地域にどの程度一般的であったかは不明な点が多い。しかし新城常三氏が指摘されるように、既に十六世紀後半に有馬、島原、千々石という、島原の乱の現場となった各村に伊勢の御師《おし》（伊勢神宮への参詣を望む旦那を導き、宿泊・祈禱の世話をする者）である宮後三頭大夫の旦那がおり、これらの村々から伊勢神宮への参詣者があったと考えられることは注目される。伊勢信仰の徒が有馬晴信の統治下を生き延びたかどうかは不明なものの、この地域で伊勢神宮への恒常的な参詣が珍しくなかったことは想像に難くないからである。島原・天草という一揆の起った地域には、一方で伊勢信仰もまたそれなりの定着をみていたと思われる。

多分に現世利益の要素を含むこのような伊勢信仰と、第二章、第三章で述べた天草大矢野の、旱魃や鯨の不漁の際にデウスにすがるキリシタンとを対比してみれば、非常の場合にデウスにすがるキリシタンと伊勢信仰の徒との間に、似た者同士の、しかも反目し合う関係が想定できよう。もちろん島原の乱に際して「日本宗」と呼ばれた人々が伊勢の神を頼んだり、「神国」意識をむき出しにしたりした形跡はない。だから伊勢の神が、キリシタンに対して日本を守ると見なされていたというコウロスの見解は、単に宣教師の側の思い込みとみる余地も十分ある。しかし一方、この時代に「神国」意識が日本の民衆に広く共有され、伊勢信仰が島原・天草地域にも見出せるとすれば、両者の軌轢を想定してもあながち見当はずれではないように思われる。

「天道」思想とキリスト教

「神国」意識とキリスト教、どこからみても類似点など全くなさそうにみえる両者に、実は根本的な観念においてかなり似た面のあったことが指摘されている。「神国」意識においては「天道」の観念が重要な意味をもっていた。キリシタン大名大友宗麟に対して、重臣立花道雪《どうせつ》（戸次鑑連《べっきあきつら》）が天正八年（一五八〇）に宗麟のキリシタン信仰と仏教迫害政策とを批判して「日本は神国であるから、是非の判断、公私にわたる御信心も、もっぱら世間の義理と『天道』に合致しなくてはなりません」（『立花家文書』）と述べているように「神国」においては「天道」が実現されるべきものとされていた。

一方、イエズス会が日本で宣教を始めた時、キリスト教の唯一神デウスを訳するために「天道」の語を用いたことが知られている。石毛忠氏が指摘されたように、日本イエズス会が一六〇三〜〇四年に刊行した『日葡辞書《につぽ》』にも「天道」をデウスのこととしている。即ち「天道」は「天の道、または、天の秩序と摂理と。以前は、我々はデウス（神）をこの名で呼ぶのが普通であった。けれども（その時にも）、ゼンチョ（異教徒）は上記の第一の意味（天の道）以上に思い至っていたとは思われない」と説明されている。また土井忠生氏が『貴理師端往来《きりしたんおうらい》』と名付けられ、宣教のために一五七〇年頃五島で編修されたとされる往来物にも「おの〳〵天道を存じたてまつり、日夜朝暮御寺へ参り、後生を願い申すべき事」と記されている。キリシタン大名大村純忠は、竜造寺氏と天正四年（一五七六）に取り交わした起請文《きしようもん》（神仏に誓約した文書）の中で、誓約に背いた場合は「天道のガラサ（恩寵）に見放され、武運も失う」（『竜造寺文書』）と記している。イエズス会にもキリシタンにも、デウスは「天道」と和訳することが適切であると考えられていた。

一方、「天道」の観念は、「神国」意識と同じく戦国期の日本の民衆の間に、広く共有されていたことも石毛氏により指摘されている。中世末期の芸能である狂言や、先ほど触れた『御伽草子』には「天道」の語がしばしば登場する。狂言の「三人片輪」はある有徳人《うとくにん》（富豪）が誰であれ、身体障害者を召抱えようとして高札を出したところ、これを聞いてやってきた身障者の一人が「『天道は人を殺さず』とはよく言ったものでで、山一つ向こうの大富豪が、誰であれ、身障者を召抱えるとの高札を出された」と述べる。人間の思慮を超えて万人を活かす天の摂理、という意味で「天道」が用いられている。

「猫のそうし」では、殺生を止めよと説く僧侶に対して猫が次のように反論する。「考えてもみられよ。人間は米を食べて体の機能を整え、だからこそ手足も達者に動き、御坊のような気の利いた御発言もできるのではないか。猫も同じことで『天道』より与え下さった鼠《ねずみ》を食せばこそ、無病で飛び歩くことができる」と。「天道」は猫を自然界に存在せしめる、人間の倫理の枠に収まらない天の摂理なのである。また「七草草子」は正月七日に七草を摘むという慣習の由来を述べたものだが、年老いた両親を若くしたいと思った孝行な息子が朝晩「天道」に祈りつづけたところ、その願いが叶えられ、七草を用いた若返りの秘法を教授されるという物語であり、最後は「現在でも親孝行の人は天道の恵みに与《あずか》る」と締めくくられる。「天道」は精進にいそしむ者に恩寵を与える存在として記述されている。

『日葡辞書』にいうように、宣教師が「デウス」の名で呼ぶような天の秩序・摂理を示す「天道」の観念が民衆に親しまれていたことを示すものといえよう。五野井隆史氏が指摘されるように、キリスト教が日本人に受け入れられた重要な要件の一つとして、この時代の日本に「天道」の観念が浸透していたことが考えられる。

戦国大名と宗教

「天道」に適う大名・武士

そればかりではない。戦国大名もまた自ら行う政策が「天道」思想に適《かな》うよう努力し、また事実適っていることを力説していた。小田原《おだわら》城を中心に関東地方に勢力を築いた北条氏康《うじやす》は、箱根《はこね》別当融山《ゆうざん》が「国主」つまり大名は万民を憐み、百姓に礼を尽くさなくてはならないと述べたことに対し、永禄《えいろく》四年（一五六一）に次のように答えている。

「まことにおっしゃる通りであり、去年は領内の村ごとに徳政を行いましたし、今年は一騎合《いっきあい》の武士たちに対して徳政を行いました。そればかりか十年来目安箱を置いて領民の訴えを聞届け、道理に適った政治を追求してきたことには、一点の不公平もありません。天道も照覧あれとの思いです」「寺領・社領を理不尽に没収するような国主は、たとえ善根を積むために大社の修理を何度しても、『神は非礼を受けず』というように神の加護はないでしょう。経典に向わず、見掛けは不信心のようでも心の中の誠があれば、天道に適うものです。拙者は国内の神社・仏閣に土地を寄付しこそすれ、その所領を押領したことは一生に一度もありません。天道に背いているなどということがあるでしょうか」（『妙本寺文書』）と。

自らの政治は「天道」に外れていない、ということが「国主」にふさわしいと北条氏康は考えていたのである。「天道」を重視したのは、氏康ばかりではない。先ほど触れた出雲国の武士多胡辰敬も、前述の回顧に加え、「主君から誰か石見《いわみ》国刺賀《さつか》（現・島根県大田《おおだ》市）の警固のために岩山《いわやま》城を守ると申し出る者がおれば二千貫の知行を与えようとの仰せがあった時、あまりの任務の重さに申し出る者はいなかった。その時自分は人並みに死ぬよりも、一番に腹を切ろうと思って志願したが、その志が天道に適ったのであろうか、出雲国の西の重鎮となり、他の家臣とも居並んで恥ずかしくない地位を得た」（『多胡辰敬家訓』）と述べている。

越前《えちぜん》国朝倉《あさくら》氏の一族として、家中の重臣であった朝倉宗滴《そうてき》（教景《のりかげ》）も「人格の善し悪し、身分の上下は関係なく、武芸に熱心な侍には天道の加護がある」「先祖が決めた掟をむやみに破るような者は、本人一代はいいとしても子孫に罰が当たり、家も断絶する。本当は、天道は恐ろしいものである」（『朝倉宗滴話記』）と述べている。「天道」が恩寵を与えるとともに天罰をも与えるものとしている。

天正十七年（一五八九）豊臣秀吉は、小田原にいる北条氏直《うじなお》に次のように宣戦を布告した。「この秀吉は人を偽ったり裏切りを行ったことはない。それが天命に適ったのであろうか、出世と武勇とで知られるようになり、天皇を補佐する最高の地位の臣下となり、政治全般に関わる身となった。一方北条氏直は天道の正しい道理に背いて、天皇の都に対してよこしまな企みをしている。どうして天罰を蒙《こうむ》らないことがあろうか」（『真田文書』）。ここにも「天道」が道理に適った者に加護を与え、道理に反する者に天罰を与えるという考え方がみられる。民衆のみならず、大名や武士たちも「天道」思想になじんでいた。キリシタンに入信する武士が少なくなかったことも、「天道」思想が広く受容されていたという、こうした事情を反映していたことになる。

「神国」の領主たち

これまで述べてきた「神国」意識や、「天道」思想はもっぱら支配のイデオロギーとして、即ち一般民衆を封建道徳の枠組みに抑え込むための論理として研究されてきたように思われる。しかし島原の乱における民衆の動き、特に村を基礎に結束した民衆の動きをみた場合、彼らがこうした道徳の説教に簡単に服従したり、説得されたり、籠絡されたとはとても思えない。戦国の民衆が支配者をみる目はきわめてシビアであり、「百姓は草の靡き」という諺の通り、弱体な大名や武士は見放され、寝返られ、惨めな滅亡を迎える運命にあった。

戦国時代の民衆が大名の道徳説法に簡単に服するわけがない。近年藤木久志氏をはじめとして、戦国大名といえども「徳政」を行い、領国の治安を保って民衆の支持をとりつけることが必要であり、さもなければ存立基盤を失うという、民衆の思惑に規定された存在であったことが指摘されているが、島原の乱で島原・唐津両藩の武士たちが遭遇した状況は、まさにこうした大名の立場を浮き彫りにしている。

にもかかわらず戦国大名らが「天道」に適う政策を高唱したとすれば、これは民衆を抑え込むためというより、民衆に弘まった「天道」思想に訴え、その支持を得るためであったと思われる。先ほどみたように戦国時代に既に「天道」思想も、伊勢の神など「神国」の神々にすがる信仰も弘まっていたことは明白である。その「神国」における「天道」の体現者であることをめざしたものが武士たちの「天道」思想だったように思われる。

『朝倉孝景《たかかげ》十七箇条』に「国内で手厚い配慮をしていれば他国の悪党がどのような企みをしようと恐れるところではない。もし不公正が行われていると風聞が立てば、他国から侵略を受けるものである」とあるが、これも「公正な」大名であるとの評価が、領民の支持につながり、ひいては領国の平和と治安とに結びついていたことを示すものといえよう。

このようにみてくると興味深いのが、豊臣秀吉が自ら行った伴天連《バテレン》追放令について、イエズス会宣教師に語った言葉である。一五八九年二月二十四日のガスパル・コエリョの報告にみられるが、「貴殿らの教法はすなわち日本の諸侯の栄誉と存在を危うくするものだ。神々とはわが国では諸侯以外のなにものでもなく、彼らはその偉大さと勝利のゆえに神として崇められるようになった。今や日本の諸侯はかつて他の諸侯がそうしたように、できる限りの力を尽くして神になろうとしている。それゆえ伴天連たちの弘める教えが神に反するものである以上、それはすなわち日本の諸侯とも相容れぬものだといってよい。その教えはなるほど他のところでは結構なものであろうが、日本ではそうではない。予が伴天連たちを追放した所以《ゆえん》である」（『十六・七世紀イエズス会日本報告集』第一期一）というものである。

「日本の諸侯ができる限り力を尽くして神になろうとしている」とは一見意味不明の荒唐無稽《こうとうむけい》なものにみえるが、民衆に向けて「神国」における「天道」に適う政治を喧伝《けんでん》する戦国大名を想起すれば、その意味するところは理解できるように思われる。神になろうとしたかどうかまでは分らないものの、「天道」に適うことにより「神仏」

の加護を求めようとしたことは間違いないように思われる。統一政権の現れたこの時代、大名にもまた「天道」に適うことが求められたのであり、その要請の背景には、不正を行って領国支配を危うくする大名を、遠慮会釈なく見放してしまう、きわめて自立心旺盛《おうせい》な民衆がいた。

神になった豊臣秀吉

統一政権の基礎を築いた織田信長が、自らを神として摠見寺《そうけんじ》（現・滋賀県近江八幡市安土町）を建立し、現世の繁栄と長寿を祈るために、信長の誕生日に参詣するよう命じた、とのフロイスの証言は有名である。この記述は信長の特異で強烈な個性を伝えるものとして注目されてきた。だが生きながら神となったのは信長だけではない。豊臣秀吉も自らを神と考えていた形跡がある。天正十九年（一五九一）十二月、豊臣秀吉は甥の秀次《ひでつぐ》に関白を譲るにあたり教訓を与えた。それは「武辺」即ち武力全般に関する努力に油断があってはならない、公正な裁判を心がけよ、内裏への奉公を怠ってはならず、奉公人への配慮も怠ってはならない、茶の湯・鷹狩《たかがり》・女狂いにふけってはならない、特に最後の事項については「秀吉ごとき至らぬ者を真似するようなことがあってはならない」と懇切な教訓であった（『本願寺文書』）。

これに対して秀次は「右に仰せ出だされた五ヵ条」にいささかも背かないことを誓い、もし誓約に背いた場合は神仏の罰を受けるとの起請文をしたためた（同上）。注目すべきは、罰を受けるべき神々を書き並べた「神文《しんもん》」と呼ばれる部分である。「梵《ぼん》天《てん》・帝釈《たいしゃく》・四《し》大天王《だいてんのう》」以下の神々を並べているところは通常のものと変わらないが、最後に「総じて日本国中大小神祇、殊に上様の御罰を」蒙ると記されている点が注目される。「上様」とは文脈からみて秀吉その人としか考えられない。天下を統一した秀吉は遂に天罰を与えることのできる存在に昇格していたのであろうか。宣教師たちに語った「神々とはわが国では諸侯以外のなにものでもなく」との言葉が妙に生々しく感じられるのは筆者のみであろうか。

豊臣秀吉の死を伝えた一五九九年十月十日のアレシャンドロ・ヴァリニャーノの報告では、秀吉は自分が死んだ後に、自分自身の「死亡が民衆の中に伝わった時、神となり、そして新八幡と名づけられるようにせよ」と遺言したという（『十六・七世紀イエズス会日本報告集』第一期三）。「新八幡」とは「新しい八幡のことであり、日本人のもとでは戦争のデウスのことである。彼は贅沢《ぜいたく》な廟《びょう》の形を模して、その中に自分の遺骸が葬られることを望み、また日本人の神々の栄誉を与えていた己が姿に似た像が安置されることを望んだ」（同上）。死後、徳川家康もそうであったように神として祀られることを望んだことが知られるが、生前神であったのなら、死後祀られることも当然といえよう。秀吉自身に即していえば、「日本の諸侯は神」との言葉は彼なりに事実を述べたものであったように思われる。

これまで戦国大名や織豊政権の時代は、天下人や大名などが脱宗教化し、社会全体が呪術から離脱していった時代と考えられてきた。しかし一口に宗教といっても、その内容は多様なものである。少なくともそこに「神国」の神への信仰や「天道」思想は考慮されていなかったように思われる。戦国大名の「神国」意識や「天道」思想は禅宗や浄土宗などの仏教諸宗派と同じ意味で宗教とはいえないかもしれないが、超自然的恩寵や天罰の存在を信じるものである以上、広い意味で宗教と考えて差し支えないだろう。

こうした宗教の存在に注目することには二つの意味があるように思われる。第一には、島原の乱において、キリシタンの信仰に対峙された「日本宗」の存在を考える手がかりが得られるからである。キリシタンに同調せず、却って対立した民衆の信仰は、宗派の観念でみる限り、「一向宗」や「真言宗」など雑多なものであり、何故「日本宗」の名で呼ばれるかという点を説明できない。しかしイエズス会宣教師が伊勢の神をあげたように、宗派とは別の次元からみる時、その特徴がみえてくるように思われる。

第二に脱宗教化したとされる戦国大名の中に何故「キリシタン大名」という、きわめて宗教的であり、他の戦国大名から一見孤立的にみえる存在が出現するかについて、これまで十分説明されてきたとはいえない。当時の日本では考えられない高度な文化に触れた日本人の傾倒、あるいは南蛮貿易の利潤目当て、という以上の指摘はなされてこなかったように思われる。しかし「天道」思想が戦国大名にも弘まり、それがまたキリシタンの受容に寄与した面のあることを考えた場合、キリシタン大名も「天道」思想に傾倒した戦国大名の一類型とみることは、あながち的外れではないように思われる。キリシタン大名たちが、何をきっかけとし、どのような状況で洗礼を受けるに至ったかを、みてみることにしたい。

大友宗麟の洗礼

大友宗麟（義鎮）が、フランシスコ・ザビエルに会った頃から、キリスト教に傾倒していたことはよく知られている。しかし洗礼を受けたのははるか後の天正六年（一五七八）のことである。その間はキリスト教を知りながらも禅宗に帰依し、宣教師の改宗の勧めにも応じなかったことは、五野井隆史氏がイエズス会宣教師ヌーネスの一五五八年一月十日の書簡の、『日本通信』編纂時に削除された部分を復元して明らかにされた通りである。宗麟（当時は義鎮であるが、以下便宜的に宗麟で統一）は「改宗すればたちどころに家臣に殺され、王位を逐われる」と考えていたという。大名の信仰は家臣たちを納得させるものである必要があったのであり、これはあとでみる有馬晴信の場合も同様である。永禄五年（一五六二）には出家して法名宗麟と名乗っている。

その宗麟が宣教師に洗礼を受ける意向を伝えたのは、宗麟と姻戚関係にある日向国の伊東義祐《よしすけ》が、薩摩国の島津氏に攻められ、豊後国に逃れてきた時であった。宗麟の子義統《よしむね》は直ちに耳川《みみかわ》（現・宮崎県日向市）に出撃して島津方と戦い、緒戦で勝利をあげた。宗麟はパードレに対して、日向を占領し、かの地に日本とは異なる法と制度により統治される都市を建設し、住民をキリシタンにすると述べ、占領地の日向で洗礼を受けるつもりだと語った、と一五七八年十月、フロイスは報告している（『十六・七世紀イエズ

大友宗麟画像　大徳寺瑞峯院所蔵

ス会日本報告集』第三期五）。

ところがその後、宗麟は受洗の時期を早めることにした、と宣教師に語り、天正六年七月二十五日（一五七八年八月二十八日、聖アウグスチヌスの祝日）に、傾倒していたザビエルの名に因《ちな》んだフランシスコの洗礼名を得て、受洗した（同上）。そして三十七日後の九月四日（西暦の十月四日、聖フランシスコの祝日）日向国への進撃を開始した。宗麟の乗船した船は、白緞子《しろどんす》の地に赤い十字架をつけ、金の糸で刺繡《ししゅう》がしてある軍旗と、多数の十字架の軍旗を並べ、同乗した武士たちはみなコンタス（数珠）や影像を胸にかけていたという（同上）。

宗麟がキリシタンの軍勢を日向国に派遣しようとしたことは明白であるが、彼の洗礼もその企画と密接に関わっていることは想像にたやすい。事実、一五七九年十二月のフランシスコ・カリヤンの報告によれば、日向国に侵攻した宗麟の軍勢は、占領地にあった日本の神仏の社殿と堂宇を破壊した。同行した宣教師には、日向にキリシタンの教えを植え付け、キリシタンならびにポルトガル人の法律で統治すると語ったという（同上）。

フロイスが後に記したところでは、「仏僧たちの仏堂や僧院で行なわれつつあった破壊はすさまじいもの」であり「寺院も屋敷も解体され、その偶像は打ち毀《こぼ》たれ」、僧侶たちは他の地へ逃げるか、キリシタンたちに服従し、自分たちの手で仏像や寺院を破壊し、それらの材木を、キリシタンの教会建設のために運搬するという作業を強制された（『日本史』第二部第五章）。まさに「踏み絵」まがいの仏教徒迫害が展開されたのである。

この事件を伝える日本側の史料も「豊後の兵により日々神社・仏閣・村が焼かれ、この時古い寺社や著名な伽藍《がらん》が滅びた」（『歴代鎮西要略』）、あるいは「宗麟は神仏を侮蔑し、神社や仏像を破壊し、道路工事の材料や薪にするという前代未聞の悪行を行った」（『大友記』）と記しており、寺社の破壊が行われたことを伝えている。

デウスへの奉仕

ところで、大友宗麟は侵攻地の日向国で何故、寺社を破壊し、キリスト教を弘め、仏教徒を迫害したのであろうか。少なくともこうした行為が、イエズス会宣教師の意向に適うものであったことは間違いない。周知のように宗麟は耳川で島津義久《よしひさ》の軍勢に敗れ、豊後への敗走を余儀なくされた。その逃避行に従った宣教師たちは、逃走する兵士に殺害される危険に怯《おび》えなくてはならなかった、とフランシスコ・カリヤンは先ほどの報告の中で述べている（『十六・七世紀イエズス会日本報告集』第三期五）。

何故ならば、この敗戦はパードレたちが宗麟をキリシタンにしたために神仏の罰を受けたからだ、との「不吉な予感」を逃走する兵士は懐いていたからだという。宗麟は宣教師が自分の陣所まで落ちのびてきた時にこれを迎え、人々の面前でデウスに感謝を捧げ、このような不運に遭っても信仰は揺るがず、むしろ強固になったと宣言したが、それは宣教師に対する人々の憤懣《ふんまん》を抑え、宣教師たちに危害を加えることを未然に防ぐためだったという（同上）。宗麟の洗礼と日向侵攻が、宣教師たちの意向に沿って行われていたことは豊後の人々にとって明白な事柄だったと思われる。

恐らく宗麟は、キリシタンとなって受洗することと、占領地で寺社を破壊し、仏教徒を迫害し、キリスト教を宣教し、ポルトガルの法に従って統治することとを、等しくデウスに奉仕する行為と考えていたのではないか。キリシタン大名の大村純忠に対して、イエズス会宣教師ガスパル・コエリョが伊佐早との抗争に勝利した時、「デウスに感謝の奉仕」をするために、領内から「あらゆる偶像礼拝とか崇拝を根絶する」ことが最大の奉仕である、と述べた、第二章でも触れた逸話が思い出される（六六ページ参照）。そこには島原の乱で、キリシタン大名の時代への回帰をめざして蜂起したキリシタンとも共通する発想がみられるように思われる。

宗麟自身が洗礼を受け、侵攻する日向の地で「あらゆる偶像礼拝とか崇拝を根絶する」ことが、デウスの意向に適わないはずはなく、その恩寵により武運を期することができるだろう。ちょうど「天道」に違《たが》わないことが民衆の支持を得て、統治の成功と治安・平和の維持が実現するという冥加《みょうが》を与えられることになる、と信じていた戦国大名と同じく、デウスの意向に適うことが統治を成功させると考えていたように想像される。

豊後の人々は、宗麟が敗戦し、続いて豊前・筑前・筑後・肥後が、豊後に対して蜂起したことについて、宗麟が「キリシタンになり、神や仏の崇拝をやめてしまったために、豊後は重大かつ由々しい神仏の罰を受けたのだ」と取沙汰し、「伴天連たちこそ、この新しい教えを弘めた張本人ではなかったか。なぜ、あのような人間が（この）地にいることを許しておくのか。（伴天連たちは）かねがね（デウスに）信頼せよと言っていたが、あれはいったいどういう約束だったのか。何が立派な計らいであるものか」とを見捨てるようなデウスの立派な計らいなんて、何が立派な計らいであるものか」と詰ったという（フロイス『日本史』第二部第一二章）。日向侵攻が、デウスに「真心から仕え始め」ることを意味していたことが窺える。

さらに肥後《ひご》のある領主は長く宗麟の味方であったが、息子の義統に使者を派遣し、今後デウスの教えを庇護《おし》することを止めなければ、もはや宗麟の味方はしないと伝えたと、カリヤンは先の報告の中で記している。この場合に限っていえば、敗戦とキリスト教とを関係づけた見方はあながちキリスト教へのいわれなき偏見によるともいえない。少なくとも日向侵攻が、宣教師の意向の枠内で企画されたものであったと考えることは許されよう。宗麟の洗礼は軍事的な意味をもつものであったように想像される。

戦争とキリシタン

有馬晴信（受洗した時は鎮純《しげずみ》を名乗っていたが晴信で統一）が改宗した事情は、ルイス・フロイスによるともっと現実的かつ軍事的な理由であった。強大な竜造寺隆信《たかのぶ》に抗するために、キリシタン大名の大村純忠と同盟することを決意し、そのため改宗することを宣教師ガスパル・コエリョに願い出たのが始まりである（『日本史』第一部第一一五章）。

晴信はまず、宣教師の意向に従い、親類や有力家臣の武将や僧侶たちを説得しなくてはならなかったが、天正八年（一五八〇）頃に領内の家臣たちが竜造寺と通じて叛《はん》したことを機に、大村純忠と同盟する緊急の必要上、洗礼を受ける意思を巡察師ヴァリニャーノに伝えた（『日本史』第二部第一九章）。苦境にある晴信が洗礼を受けた場合、受洗後に戦争に敗れる可能性が高く、そうなれば、キリシタンになったから敗北した、という宣教に不利な噂が広まることを懸念したヴァリニャーノは、洗礼を授けることはひとまず見送り、まず司祭一人を有馬城に送り込み、晴信を見捨てる意思のないことを伝えた（同上）。

さらにこの司祭に食糧を送るという名目で、兵粮を搬入するという軍事援助も行った（同上）。親類たちが竜造寺方に寝返るという苦境の中で、晴信は自らの乳母《うば》や側近の仏僧たちや異教徒たちに改宗するよう説得し、受洗をヴァリニャーノに懇願したので、ヴァリニャーノは晴信から領内の仏像を破壊し、領民を改宗させるという約束をとりつけた上で、城内に赴き、さらに晴信（当時は未婚であった）が婚礼なしに同居させていた女性を離別させてから洗礼を授けた（同上）。晴信がこれだけの譲歩をしたのは、戦況が苦境にあったからに他ならない。ヴァリニャーノも家中のできるだけ多くの者の改宗を要求し、領内の寺社の破壊を要求する一方で、兵粮以外にも「鉛と硝石」を晴信に提供するなど（『日本史』第二部第二〇章）軍事援助を行っていた。受洗は軍事上の利益と直結していたのである。

しかしその一方で、竜造寺方との和睦《わぼく》が成立し、苦境を脱すると晴信とその家臣たちはイエズス会へ感謝し恩義を感じて「領内から偶像崇拝を駆逐することを」晴信は表明し、ヴァリニャーノが滞在した三ヵ月の間に「大小合わせて四十を超える神仏の寺院がことごとく破壊された」（同上）という。イエズス会が提供した物質的な援助に報いる意味もあろうが、やはり和睦をデウスの力によるものとし、その奉仕のために神仏の信仰を迫害しようとしたもののように思われる。フロイスが「ある者が勝者となれば、キリシタン宗門にとって多大の成果と異教徒の改宗が期待でき、逆に敗者となる時には、キリシタン宗門に対する大いなる迫害と苦難を覚悟せねばならぬ」（『日本史』第二部第一八章）と述べているように、軍事的な勝利による感化は、キリシタンへの帰依を促す上で絶大な効果を発揮したと思われる。

戦場の守護神として、キリシタン信仰が弘まったことは第三章で既に述べたが、事情はキリシタン大名にとってもかなり似ていたのではないか。それはたとえば豊臣秀吉が「天道」に適うという正義をふりかざして北条氏直に宣戦することとも、「天道」に適うことが武運を呼ぶと朝倉宗滴が述べていることともきわめて似通っているように思われる。キリシタン大名もやはり当時の戦国大名として、非キリシタン大名と共通する信仰の形をもっていたように思われる。

「神国」の神々とデウスの戦争

キリシタンなどに関心がないかにみえる戦国大名とキリシタン大名とが、意外にも似通った側面をもっていることをみてきた。全く共通点がないかにみえる、「神国」の神々を崇拝し「天道」を重んじる戦国大名と、デウスに帰依し、日本の神仏への信仰に容赦ない迫害を加えるキリシタン大名とが、実はかなり共通する発想に立って、即ち超自然的な絶対者による加護と制裁とを信じつつ、領民を統治していたと思われる。もしそのように考えられるならば、それは単に大名クラスのみの問題としてかたづけられるものではない。

一人の戦国大名が、民衆の支持をとりつけ統治に従わせるべく「神国」の神々を敬い「天道」を喧伝してきたことの背景として、「神国」の神々を信じ「天道」の冥加を信じていた、大量の領民を想定しなくてはならない。同様に一人のキリシタン大名が、デウスの恩寵を信じて信仰を強制してきたことの背景として、同じくデウスを信じ、その恩寵を希求してきた無数のキリシタン領民を想定しなくてはならないだろう。ほぼ毎年のように飢饉や疫病が起り、苛酷な戦乱がひっきりなしに来襲する戦乱の世を生き残るために、一方では「神国」の神々と「天道」の存在を信じてきた民衆がいると同時に、他方ではデウスの恩寵に望みを託してきたキリシタンの民衆がいる。

この両者はきわめて似通っているだけに、双方が敵対する時には、絶望的なほど非妥協的で苛烈な対立・抗争が現出したと想定することはたやすい。豊臣政権の伴天連追放令も、江戸幕府のキリシタン禁令も、こうした敵対・抗争のなかで発令されたとみることができるように思われる。「神国」の神々を信じる民衆とキリシタンとは、全く異なっていたがゆえに敵対したのではない。実は双子の兄弟のように似た者同士であったからこそ、その抗争は救いのない激烈なものとなったように思われる。キリシタン迫害の苛酷さは、支配者のキリシタン嫌悪が主軸になっているのではなく、目的を同じくしながら正面から敵対せざるを得なかった民衆の抗争の厳しさを反映しているようにみえる。

高瀬弘一郎氏はかつて、江戸幕府の禁教令を「国家理性」(国是)によるものとみるイエズス会の宣教師たちの発言の背景に、宣教師たちがこれを、同時代のイングランドにおけるエリザベス朝の対カトリック政策と共通しているとみていたことを想定された。この指摘の適否について筆者に云々する力量はないが、本来宗教に関して寛容であったはずの日本で、一宗派の苛烈な迫害と弾圧を行った政府の意図を考える上で有力な手がかりとなるように思われる。そしてヨーロッパにおける宗教戦争を思わせる禁教令の苛烈さは、「日本宗」とキリシタン両者の相違点ではなく、類似点に由来するのではあるまいか。

このようにみてくれれば、島原の乱は、この双子の兄弟の決定的な対立であったとみることができよう。キリシタンは飢饉などの災害や戦乱を生き残り、平和に至るための道として、是が非でもキリシタンの信仰にすがろうとした。他方、仏教徒や神祇信仰の持ち主たちは、同じ目的のために、キリシタンにとって相容れない「異教」即ち「日本宗」にすがろうとした。きわめて不幸で悲劇的な対立だったのではないか。無数で無名の民衆の、正義と幸福を求めるという同じ目的をもつはずの努力の結果が、相互の武力衝突によって大量の流血をもたらすことになった。だが後世の私たちは、この悲劇的な戦争の後に、少なくとも平和といって差し支えない時代が訪れたことを知っている。ただ、その平和はキリシタンのために来たのではなかった。

「国民」的信仰

これまでキリシタンに対峙する民衆の信仰、「日本宗」と呼ばれたものについて、伊勢の神など「神国」の神々への信仰と、それと密接に関わる「天道」思想とを想定してきた。豊臣秀吉の伴天連追放令や江戸幕府の禁教令に際して「神国」意識が表明されたことは著名である。従来の研究ではこれら「神国」意識の表明は、もっぱら支配のイデオロギーという側面で考えられてきた。しかし、たとえば伊勢信仰が民衆の間で、かなりの拡がりをもって浸透し、「神国」意識がなじみ深い存在であったことを考慮すれば、単に支配の面からのみみることはできない。むしろ支配者の側でキリシタンを取締るに際し、民衆に最も分りやすい論理を持ち出したとみる方が事実に近いように思われる。

「神国」の神々、たとえば伊勢の神についてみれば、江戸時代を通じて伊勢信仰は民衆の間で盛んであった。各地で伊勢講が発達し、神宮御師との間に師檀関係が結ばれ、伊勢への参詣は盛んであり、江戸時代を通じて数十年ごとに自然発生的な、広域にわたる地域から伊勢神宮に群参するおかげ参りが行われた。伊勢信仰が、江戸時代に、いわば国民的ともいえる隆盛にあったことは明白であるが、幕府や朝廷など政府が、仏教諸宗派など他の宗派と異なる、別格ともいえるような保護や統制を、伊勢神宮や諸国に拡がる伊勢講に加えていた形跡はみられない。この隆盛をどのように考えればよいだろうか。

島原の乱が起った十七世紀前期は、島原・天草で戦国の気風がいまだ濃厚であったことからも分るように、十五世紀後半から始まる戦国の動乱期の最終段階といえよう。この時代は、勝俣鎮夫氏によれば、近代の日本に連続する、そして日本列島の住民を国民として把握する国民国家的性格の強い国家が成立した時期である。伊勢の神への信仰など「神国」意識は、この「国民国家」の枠内で想定されるべき、近世社会の、いわば国民的信仰であったと考えられる。

但し「神国」意識といっても、近代になって政府の喧伝した国家主義と直結させて

歌川広重画「伊勢参宮宮川の渡し」（部分）　神奈川県立歴史博物館所蔵

考えることが不適切であることはいうまでもない。明治政府の、神仏判然令を起点とする「神道国教化政策」に対し、真宗教団などのほか、明らかに「神国」の神々を信じていたはずの人々までが反対し、結果的に政府の企図が頓挫《とんざ》したことは、夙に安丸良夫氏が明らかにされた通りである。民衆の「神国」意識が、常にイデオロギー操作や国民意識統制の道具に堕するものと断ずるのはあまりに短絡的な見方であると思われる。

もちろん近世民衆の「神国」意識や「天道」思想が、明治に至って急激かつ全面的に跡を絶ったとは考えられないから、こうした民衆の思潮が、後の時代にも存続した可能性は高く、たとえば後の時代の国家主義と無関係とは言い切れない。その点は今後十分に研究される必要があるが、国民的信仰を、直ちに国家イデオロギーとのみ直結させ、その多面的な性格をみないのは、あまりにも偏った見方のように思われる。

国民国家の成立と信仰

たとえばイギリスの宗教改革は、国王ヘンリー八世が自ら教会の主権者であることを宣言した十六世紀前半の首長法に始まり、エリザベス一世の時代に国教会体制が確立されることにより実現したとされている。この国教会はピューリタン革命の時代に一旦廃止されるものの、王政復古とともに再建され、現代に至っている。しかしこの国教会がピューリタン革命期に果たしてきた役割は、現実には国教を積極的に宣教するというよりも、プロテスタンティズム（カルヴァン派）とカトリシズムとの妥協を図るものであったと見市雅俊氏は指摘しておられる（『ロンドン＝炎が生んだ世界都市』）。

見市氏によれば、国教会を設立した王権はむしろ、急進派のプロテスタントには耳を貸さずにカトリシズムとの対話を模索する「開明」的存在であった。近代イングランドの国民意識の形成に寄与したのは、上院議場爆破の陰謀事件の黒幕はイエズス会であったと決めつけ、イエズス会による議員暗殺の陰謀の存在を強調し、一六六六年のロンドンの火災をイエズス会やフランス人のしわざと見なすような、ファナティックな反カトリシズムの動向であったという（同上）。国民意識を形成するような宗教運動は、政治権力の力のみでは、とても引き起し得るものではなく、むしろその統制を超えて動いていく民衆の力によってのみ、行われ得ることを示唆する事例といえよう。

たとえばイギリスにみられるような、国民意識のベースとなるような信仰や意識が、近世の日本に存在するか否か、「神国」意識がそれに当たるかどうかは、今のところ考える手立てはない。日本の宗教史の分野にあってこれまでは、特定の教義、その教義を説くことを業務とする専門家集団、そしてこの専門家を中心として組織される信者の集団という、どの宗派にも多かれ少なかれみられる、いわば三点セットを具《そな》えたものがもっぱら中心的な対象とされてきた。こうした観点と方法からは「神国」意識や「天道」思想はまことに扱いにくい代物であり、社会との関係で、このような意識や思考に注目する研究は、注目されることも少なかったように思われる。

しかし「神国」意識や「天道」思想が自然発生的に日本人に受容され、たとえばキリシタンとの抗争で無視できない意味をもったとすれば、このような三点セットのない「宗教」も中近世移行期を考える上で考慮されなくてはならない。「教会的形態」が宗教の本質なのではなく「普遍的な社会的機能」をその本質とみる、T・ルックマンのような観点（『見えない宗教』）も十分あり得るように思われ、このような観点からみる時、「宗教心がない」とされてきた日本人の心性も、別の一面がみえてくるように思われる。

伴天連追放令やキリシタン禁令などの発令が「神国」意識の浸透に寄与したのではない。民衆の中で日本を「神国」と見なし、そこで「天道」が行われるという観念は既に十分弘まっていた。いうなれば「神国」意識の海があり、そこに伴天連追放令やキリシタン禁令の島が浮かぶことができたように思われる。繰り返すが、だからといって近世にみられる「神国」意識を直ちに明治以降にみられる国家主義の思考と直結させることは飛躍である。近世の日本人にみられる、いわば国民的な信仰をどのようにみるかは、今後の研究の進展に待つほかないのが実情である。しかしこのような想定をする時、統一政権が確立し、既に安定にさしかかった時に、何故大規模な宗教一揆が起きたのかを説明する、少なくとも手がかりが提供されるように思われる。

使用・引用した参考文献

史料集・辞典

林銑吉編『島原半島史』中巻、長崎県南高来郡市教育会、一九五四年
「部分御旧記」『熊本県史料』近世編第三、一九六五年
川添昭二・福岡古文書を読む会校訂『黒田家譜』二、文献出版、一九八二年
細川護貞監修・土田将雄編『綿考輯録』五・六・七、汲古書院、一九九〇〜九一年
鶴田倉造編・松本寿三郎監修『原史料で綴る天草島原の乱』本渡市、一九九四年
寺沢光世・鶴田倉造校注『寺沢藩士による天草一揆書上』苓北町、二〇〇〇年
『島原記』〈改定史籍集覧二六〉、一九〇二年、臨川書店、一九八四年復刻
「拾集物語」三〈肥後文献叢書四〉歴史図書社、一九七一年
備作史料研究会（代表人見彰彦）編『寛永嶋原騒動記 岡山侯聞書』二〇〇七年
村上直次郎・柳谷武夫編『イエズス会士日本通信』上・下〈新異国叢書1・2〉、雄松堂書店、一九六八・一九六九年
フロイス、ルイス／松田毅一・川崎桃太訳『日本史』一〜一二、中央公論社、一九七七〜八〇年
生田滋ほか編・高瀬弘一郎訳・注『イエズス会と日本』一〈大航海時代叢書第二期六〉岩波書店、一九八一年
同編・岸野久訳・高瀬弘一郎訳・注『イエズス会と日本』二〈大航海時代叢書第二期七〉岩波書店、一九八八

八年
松田毅一監訳『十六・七世紀イエズス会日本報告集』第一期一〜五、同朋舎出版、一九八七〜八八年
同『十六・七世紀イエズス会日本報告集』第二期一〜三、同朋舎出版、一九九〇〜九七年
同『十六・七世紀イエズス会日本報告集』第三期五、同朋舎出版、一九九二年
東京大学史料編纂所編『イエズス会日本書翰集』訳文編一（上）〜二（下）、東京大学出版会、一九九一〜二〇〇〇年
上智大学・独逸ヘルデル書肆編『カトリック大辞典』一〜五、冨山房、一九四〇〜六〇年

著書・論文

阿部浩一『戦国期の徳政と地域社会』吉川弘文館、二〇〇一年
アルバレズ＝タラドリス、J・L／佐久間正訳「十六・七世紀の日本における国是とキリシタン迫害」『キリシタン研究』一三、一九七〇年
アーレニウス、S・A／寺田寅彦訳『史的に見たる科学的宇宙観の変遷』岩波書店、一九三一・一九四四・一九五一年（一九四四年版の寺田寅彦の訳文を底本に、文字表記を新字体、新仮名づかいに改め、代名詞・副詞・接続詞等を現代風に仮名に改めたものが一九九二年に第三書館から『宇宙の始まり——史的に見たる科学的宇宙観の変遷』として出版された。本書の引用文はこれによっている）
石毛忠「『心学五倫書』の成立事情とその思想的特質」石田一良他校注『藤原惺窩・林羅山』〈日本思想大系二八〉岩波書店、一九七五年
同「戦国・安土桃山時代の倫理思想」石田一良編『日本における倫理思想の展開』吉川弘文館、一九六五年
伊藤正義「原城の終焉の実態」石井進・服部英雄編『原城発掘』新人物往来社、二〇〇〇年
今村義孝『近世初期天草キリシタン考』天草文化出版社、一九九七年

煎本増夫『島原の乱』教育社、一九八〇年
大橋幸泰『キリシタン民衆史の研究』東京堂出版、二〇〇一年
岡田章雄「南蛮習俗考」『キリシタン信仰と習俗』〈岡田章雄著作集一〉思文閣出版、一九八三年、初出一九四二年
同『天草時貞』〈人物叢書〉吉川弘文館、一九六〇年、新装版一九八七年
勝俣鎮夫『一揆』岩波書店、一九八二年
同『戦国時代論』岩波書店、一九九六年
神田千里『土一揆の時代』吉川弘文館、二〇〇四年
同「土一揆としての島原の乱」『東洋大学文学部紀要』史学科篇第二九号、二〇〇四年
同「宗教一揆としての島原の乱」『東洋大学文学部紀要』史学科篇第三〇号、二〇〇五年
同「一七世紀前期加賀藩の宗門改」東洋大学人間科学総合研究所内プロジェクト『共時的・通時的構造からみた地域』「旧加賀藩領」研究班・研究報告書（二〇〇四年度）、二〇〇五年
久田松和則『キリシタン伝来地の神社と信仰』富松神社再興四百年事業委員会、二〇〇二年
グレシュベック、ハインリヒ／コルネリウス、C・A編／倉塚平訳『千年王国の惨劇』平凡社、二〇〇二年
五野井隆史『日本キリシタン史の研究』吉川弘文館、二〇〇二年
コーン、N／江河徹訳『千年王国の追求』紀伊國屋書店、一九七八年
桜井英治『室町人の精神』〈日本の歴史一二〉講談社、二〇〇一年
清水克行「『御所巻』考」『室町社会の騒擾と秩序』吉川弘文館、二〇〇四年
新城常三『新稿社寺参詣の社会経済史的研究』塙書房、一九八二年
Smith, H. W., “Man and His Gods”, Little, Brown and Company, Boston, 1953
千田嘉博「城郭史上の原城」前掲『原城発掘』

高木啓夫「伊勢踊り」『高知県史』民俗編、第七章第七節、一九七八年
高木昭作「秀吉・家康の神国観とその系譜」『将軍権力と天皇』青木書店、二〇〇三年、初出一九九二年
高瀬弘一郎「キリシタン宣教師の軍事計画」『キリシタン時代の研究』岩波書店、一九七七年
同『キリシタンの世紀――ザビエル渡日から「鎖国」まで』岩波書店、一九九三年、岩波人文書セレクション、二〇一三年
鶴田倉造「天草島原の乱」『本渡市史』第三章第四節、一九九一年
土井忠生「貴理師端往来について」『キリシタン研究』五、一九五九年
中村質「島原の乱と鎖国」『岩波講座日本歴史』九、一九七五年
仁尾環『天草島原切支丹一揆史談』同人、一九三五年
西垣晴次『お伊勢まいり』岩波書店、一九八三年
西村貞「島原乱の切支丹陣中旗と山田右衛門作」『日本初期洋画の研究』全国書房、一九四五年
服部英雄「原城の戦いと島原・天草の乱を考え直す」丸山雍成編『日本近世の地域社会論』文献出版、一九九八年
同「原城と有明海・東シナ海」前掲『原城発掘』
同「原城発掘」荒野泰典編『江戸幕府と東アジア』〈日本の時代史一四〉吉川弘文館、二〇〇三年
深谷克己「殉教の論理と蜂起の論理」『思想』五六五、一九七一年
藤木久志「村からみた戦国大名」『戦国史をみる目』校倉書房、一九九五年、初出一九九四年
同『雑兵たちの戦場』朝日新聞社、一九九五年
同「永禄三年徳政の背景」『戦国史研究』三一、一九九六年
同「戦場の村の記憶――『清良記』全三十巻を読む」藤木・蔵持重裕編著『荘園と村を歩く』Ⅱ、校倉書房、二〇〇四年

見市雅俊『ロンドン＝炎が生んだ世界都市』講談社、一九九九年
三石善吉『中国の千年王国』東京大学出版会、一九九一年
ムーニー、J／荒井義廣訳『ゴースト・ダンス』紀伊國屋書店、一九八九年
安丸良夫『神々の明治維新』岩波書店、一九七九年
山本博文『寛永時代』吉川弘文館、一九八九年
山本義隆『重力と力学的世界』現代数学社、一九八一年
ラウレス、ヨハネス「細川家のキリシタン」『キリシタン研究』四、一九五七年
ルックマン、T／赤池憲昭、スィンゲドー、ヤン訳『見えない宗教』ヨルダン社、一九七六年

原本あとがき

もともと一向一揆や、織田信長・豊臣秀吉・徳川家康による統一政権の時代、日本社会が中世から近世へと移行する転換期に大きな関心をいだいてきた筆者が島原の乱に注目するようになったのは、ここ数年、十五世紀から十七世紀初頭にかけてみられる土一揆という、武士に率いられた民衆の武装蜂起を調べたことによるものである。ある偶然から鶴田倉造氏編・松本寿三郎氏監修の、厖大な史料を集積して島原の乱を復元した労作『原史料で綴る天草島原の乱』を開いてみて、島原の乱が戦国の争乱とあまりにも似ていることに驚き、その解明にのめり込んでいくなかで、島原の乱は土一揆の、いわば最後を飾る、中世から近世への移行を象徴する出来事ではないか、と考えるようになった。

その一方で、島原の乱においてキリシタン、非キリシタンを問わず、一般の俗人が宗教を強く意識して行動していることが印象的であった。様々なかたちでこれに関わった人々の信仰を抜きにして、島原の乱を考えられないことは明白だと思われた。さらに、このことは中近世移行期という時代の特質と関わっているのではないかと思うに至った。

これまでの宗教史研究は宗派・教団を、言い換えれば宗教の専門家と俗人の中でも際立って宗教心の強い部分とを中心的対象としてきたために、島原の乱にみられるような俗人、いわば宗教の素人の信仰・信心を考える糸口がなかなかみつけにくい。しかしこの事件を考える際に求められているのは、特に教義に通じ、ずばぬけて信仰堅固だとはいえない俗人たちの宗教心や、宗教を強く意識した行動を解明することだと思われる。

現代の私たちは、これまでの歴史の進歩の中で、人間は宗教から解放されてきたと考えがちであり、宗教は、もはや常識的な感覚で捉えにくい現象とみるのが一般的である。しかし本当に現代人は宗教から解放されつつあるのだろうか。人間が宗教に強く規定されて行動している事実は、殊に二十一世紀に入ってから世界の至るところに見出せる。

資本主義先進国においても他国へ「十字軍」を派遣する国がある。宗教と縁遠く見える経済活動においても、市場経済にとって「自由」が至上の価値としていささか度を過ぎて神聖視され、野放しにされた拝金主義と弱肉強食の経済活動とが固有の文化に拠る生存の「自由」を脅かすという奇妙な背理が支配している。「中庸」という古風な知恵など忘れたかのような、「自由」の神聖視が「宗教心がない」とされる日本でももてはやされていることをみると、マックス・ウェーバーのような「宗教が社会現象である以上に社会のほうこそ宗教現象」との観点は、現代世界にこそ有効であると思われるほどである。

そのような現代と対比した時、飢饉や疫病の流行など天災と、とめどない戦乱との連続を生き延びた人々が、信仰や信心と無縁だったとはとうてい思われない。当時の人々の社会的行動を宗教の観点からみるとき、島原の乱も、中近世移行期の時代も、従来注目されてこなかった一面が浮き彫りになるように思われた。本書はその一面を探った試みである。もちろんそれが成功しているかどうかは、読者のご判断に委ねるしかないが。

執筆にあたり、キリシタン史、島原の乱、原城の歴史考古学的研究についての諸先学の成果には筆者なりに学ばせていただいた。また何人かの方から貴重な御教示を頂戴した。お名前はいちいちあげないが、この場を借りて心より感謝を申し述べたい。

最後になったが、中公新書執筆への機縁をつくって下さった木村史彦氏、本書の編集を担当され、種々お世話になった並木光晴氏に心より感謝申し上げたい。

二〇〇五年九月

神田千里

学術文庫版へのあとがき

一

本書は、二〇〇五年、中央公論新社より中公新書の一冊として刊行された。島原の乱という歴史的事件の全体像に拙いながら初めて取り組んだものであり、それまで研究してきた一向一揆とは全く別ものといってもよい、極めて特徴的な宗教運動（そう呼ぶのが適当だと現在も思っているが）を自分なりに考えた思い出深い一書である。この度、原本版元であった中央公論新社の承諾を得て、同じ表題で、若干の新しい装いを施して、講談社学術文庫の一冊として再び世に出ることになった。

本書刊行後、次にみるような島原の乱に関する書籍が既に刊行されており、十三年の歳月を経た今、改めて世に出す価値があるのか、忸怩たるものがある。しかし本書の記述を改めて見直して、乱当初にみられる、キリシタンへの「立ち帰り」という宗教運動に関する論点や、一揆の行動を、戦国期のそれと同じものとみる観点など、現在も通用すると自負する点もあり、文庫化のお話を御請けした次第である。刊行にあたり、明白な誤植や誤記、若干の誤認による記述などを改めた他、最初の刊行以後、原典・写真・原文などをみる機会を得た史料について、表記に僅かながら修正を加えた。

本書の刊行後に刊行された島原の乱に関する研究書は、主なものだけあげても、大橋幸泰『検証　島原天草一揆』、鶴田倉造『Q＆A天草四郎と島原の乱』、服部英雄・千田嘉博・宮武正登編『原城と島原の乱――有馬の城・外交・祈り』、煎本増夫『島原・天草の乱――信仰に生きたキリシタンの戦い』、五野井隆史『島原の乱とキリシタン』、吉村豊雄『百姓たちの戦争』〈歴史ルポルタージュ島原天草の乱第一巻〉がある。いずれも島原の乱の全体像に関わるものであり、是非ご参照いただきたいが、ここではこのうちの大橋氏の『検証　島原天草一揆』と五野井氏の『島原の乱とキリシタン』について「二」でコメントさせていただきたい。この二書の提示した島原の乱の全体像は、本書のものとかなり異なるものであるため、当然ながら本書の論点への批判ないし批判的指摘を含んでいるからであり、本書の叙述に関する限りでその内容に言及しておきたい。次に「三」で今後の課題にふれたい。

二

大橋氏の『検証　島原天草一揆』は、宗教に重点を置く本書に対し、島原の乱（大橋氏は「島原天草一揆」の呼称を正当とするが、ここでは意味の伝達を重んじ以下「島原の乱」で統一）は信仰の要素も藩の苛政への抵抗の要素も共に存在し、どちらか一方を本質と見ることはできないとし、本書を批判する（大橋前掲書、一八二〜一八四ページ）。この点に関わる限りで大橋氏の論旨を要約すると次の四点になろう。

第一に幕府軍に一揆側の目的を宣言した意思表明として、キリスト教の信仰を承認せよという矢文や言説の他に、キリシタン信仰など本筋ではなく、松倉勝家の苛政を糾弾することが目的であり、松倉勝家の首と引換えに縛につき死罪をも甘受すると述べた矢文のあること（『壺井家文書』、鶴田倉造編・松本寿三郎監修『原史料で綴る天草・島原の乱』一一六三号、以下『原史料』一一六三のように略記、また大橋前掲書［三二〜三四ページ］にも全文紹介）を指摘し、一揆の主流派とはいえないにしろ藩主への恨みをもつ者らがいたことを示すものであるとし、一揆が一枚岩ではなく、苛政への恨みもまた一揆の要求にあったことを示すものであるとし、キリスト教容認のみを求めてはいなかったと結論している。

第二に一揆勢力に女性が含まれていることに注目し、一揆がいわば家族ぐるみの「挙家型」の行動様式をとっているとし、これは「勝算のない終末思想」による行動というよりは、むしろ近世前期の逃散に近いものだと結論し、本書の戦国期の一揆に準える見方を批判している（大橋前掲書、五六～五七ページ）。

第三に一揆の寺社破壊の由来を、キリシタン大名時代に行われたそれに求める本書に対し、治者の政策として行われた寺社破壊は、被治者の自己主張によるそれとは同一視できないとし、一揆の行動はむしろ、神意を纏った正当性の主張とみるべきであり、中世の一揆の行動様式と同様であると指摘する（同上、九四～九五、一〇四ページ）。

第四に島原の乱は、その後幕府が民衆統治にあたり、「仁政」イデオロギーを掲げざるを得ない状況に寄与したという（同上一八一ページ等）。幕府は島原の乱に関する認識を、当初のものであるキリシタン一揆から苛政への抵抗の一揆へと変えた。このことは苛政の責任を松倉勝家、寺沢堅高に問い処罰したことにも、その後に島原の乱を扱った物語が、松倉、寺沢の苛政を強調していることにも現れているとする。

以上、本書の論点に触れる限りで大橋氏の批判を要約してみた。

第一について。矢文（『壺井家文書』）は本書では扱っておらず、また興味深い内容なので、まずこれを紹介した上で、大橋氏の見解を吟味したい。矢文は、鎮圧軍が知らない一揆の言い分を伝えると前置きし、松倉重政・勝家二代の不法な苛政を強調し、やむを得ず蜂起したと述べる。次にキリシタン禁制に背いたのは苛政に苦しめられ、生き残りのためにやむを得ず貧者を救うキリシタンに改宗したのであり、（苛政がなければ）どうして日本の神に背いて外国の神などに傾こうか、上意次第永久に棄教する、と述べる。さらに松倉勝家の首を見せられれば縛につき死罪となってもよいと述べ、原城は相当の準備があって、攻撃すれば日本中の武士が討たれるだろうから、大軍で攻めるがよい、来月の末には異国の大船が援護に来ると聞いていると述べ、命惜しさにこれを知らせるのではなく、将軍家のためを思い、一揆の連中に隠して、矢文をもって秘かにお知らせすると述べている。

何よりも注目すべきは、これが松倉勝家の処刑を降伏の条件として提示している点である。この後も一揆方が何度か降伏条件を提示しているところからみて、これは松倉氏の苛政を糾弾する意図以上に、鎮圧軍に降伏条件を打診する意図が主であるように思われる。城は堅固であることを誇り、異国船が援護に来ると告げるなど、鎮圧軍を恫喝するかにみえる点からも、鎮圧軍に条件の承認を促していることが窺えよう。

武士たちの命を大量に損ないたくなければ勝家の処刑で手を打った方がよい、というわけである。そこまで断定できないまでも、鎮圧軍との駆け引きを意識したものとみることは妥当だと思われる。

原城籠城を、妥協を度外視した戦いとみるむきもあろうが、これは最後の大量殺戮という結果からの印象論に過ぎない。一揆の指導部は有馬家旧臣ら合戦に習熟した武士たちであり、彼らが要求実現まで徹底抗戦するなどの非現実的な作戦を取るとは考えにくい。合戦が和睦を目的に行われ、常に落し所が模索され、妥協に失敗して力の激突にもなる場合もなくはないにしろ、通例は和睦で終わるという戦国時代の慣例からみて、一揆首脳部にも、こうした指向性を想定することは自然だと考えられる。

このように見ることが出来れば、ここに述べられたキリスト教信仰に対する突き放した姿勢は、むしろ鎮圧軍への交渉向けのもの、ということになるだろう。仮に上述の推定通りではないにしろ、この矢文が松倉勝家の処刑という、降伏の条件に主眼をおく以上、この矢文を手がかりに信仰に対する一揆の姿勢を探ることは不適切ではないだろうか。

第二について。終末思想に促され、終末における救済を求める人々が籠城という作戦を取らないわけではない。終末思想は「勝算がない」どころか、殆どの人々が滅びる中を選ばれし者として救済されるという思想であり、当然籠城は考えられる。大橋氏は「挙家型」の行動を近世初期の逃散と関係づけるべきものとされるが、織田信長軍に「男女」が焼き殺された伊勢長島の一向一揆（一五七四年）も、「大坂籠城」の「男女」は赦免せよ、と信長が指示した大坂本願寺の籠城戦（一五七八年）も、北条氏滅亡の際に「百姓、町人、女」しか残っていなかったとされる岩付城の籠城戦にも等しく「挙家型」の行動がみられる。戦国期の一揆と酷似しているとみられる所以である。

第三について。キリシタン大名の寺社破壊が、大量の一般信徒による自発的行動をともなって行われていたことは、イエズス会宣教師の報告書にも広く見られ、一揆による寺社破壊と区別することは困難であろう。共に武士層をリーダーとした民衆の行動とみるのが妥当ではないか。また一揆の論理が「神意を纏って正当性を図った」ものので中世以来の一揆と区別できないと大橋氏は述べておられるが、中世の一揆で敵方の信仰する神仏を破壊したものは見いだせない。一向一揆にも他の宗派の撲滅を図った事例はみられず、加賀一向一揆の支配下では、多くの他宗派寺院や神社が存在を容認されていた。「異教徒」の撲滅をめざすキリシタン一揆の特質を、中世以来の一揆に求めるのは適切でないと思われる。

第四の点について。松平信綱が島原の乱についての認識をキリシタン一揆から苛政抵抗一揆へと変換したというが、氏の著書をみる限り、その根拠は松倉勝家、寺沢堅高が処分されたこと、後世の物語がこの両大名の苛政を強調していることである。しかし松倉処分の理由は「常々不作法も数多依レ有レ之《これあるにより》」「政道宜からず、土民困窮に及び一揆蜂起」（大橋前掲書、二七ページ）とみえるだけである。もちろん苛政もその一つであることは当然にも予想されるものの、松倉・寺沢処分の理由を直ちに一揆の原因と結びつけるのは飛躍ではないか。「不作法」や「政道柔弱」にはキリシタン禁制を維持できなかったことも含まれるとみる余地は十分ある。

後世の物語で苛政が一揆の原因として強調されることが、何故幕府の認識の変化を反映していると判断できるのかの説明も十分とはいえないように思われる。後世に事実とは異なる潤色が行われる可能性は決して小さくないだろう。例えばキリシタン一揆の千年王国信仰は理解不能だが、苛政への抵抗なら共感可能という近世民衆の感情が反映しているとみる余地も十分あるのではないか。

五野井隆史氏の『島原の乱とキリシタン』は、島原・天草地域の信仰の展開と、その禁制・潜在の状況を、島原ではキリシタン大名有馬氏の時代から、天草では天草五人衆と呼ばれる国衆の時代・キリシタン大名小西行長の時代から乱直前まで緻密に跡付けた点に特徴の一つがある。こうした前史から明らかになったところでは、島原地域には一六三三年まで宣教師が潜伏して活動を行っていたこと、天草諸島でも同じく一六三三年まで宣教師が潜伏し、それ以降もコンフラリア（信心会）が維持されていたことが明らかにされている。

本書では島原地域におけるキリシタン信仰の途絶が寛永五年（一六二八）、天草地域での信仰途絶が一六二九年と考えており（二一〇〜二一一ページ）、五野井氏の明らかにされた時期より四・五年早く信仰が途絶していることになる。即ち島原地域でも天草地域でも乱の四年前までの宣教師の活動や、コンフラリアの活動によって、信仰が乱直前まで潜在していた可能性もあり、「立ち帰り」キリシタンが乱の主役であったかどうか、検討する必要があろう。

確かに『山田右衛門作口書写』では、松右衛門ら五人の、予言による天草四郎の擁立と人々への煽動により一揆が蜂起したとしており（本書三五ページ）、乱の火付け役は信仰の潜在していた天草地域にいたと考えることは十分可能であり、信仰を秘かに維持していた乱の組織者を想定することができるように思われる。

しかし一方その情宣内容も考慮する必要がある。「寿庵廻文」（本書三七〜三八ページ）では「いずれの者なりとも、キリシタンになり候わば、ここもとへ早々お越しあるべく候」「ぜんちよ〔異教徒〕の坊主なりとも、キリシタンになり申さば御許しなさるべく候」と何よりも改宗が促されている。この点は熊本藩士道家七郎右衛門が報告した、「四郎殿」が「最近は人々がキリシタンの葬礼をしないので、死者たちも浮かばれず、『天竺』でも殊のほかお怒り」であるとして改宗を促している（本書一一七ページ）ことからも裏付けられる。情宣の内容は一貫して「立ち帰り」であった。彼ら組織者たちは、「転びキリシタン」を「立ち帰」らせようとしていたといえよう。

改宗者が一揆の中でどのような割合を占めていたのか、を直接判断する史料はない。しかし『山田右衛門作口書写』によると、一揆の面々は天草四郎のところへ使者を派遣して、「以前に『宗門を転んだ』」即ち棄教したことを後悔しており、今後は四郎をキリシタン大将としてキリシタンの宗旨を守ると申し入れたという（本書一三四ページ）。一揆の主力部隊であった島原一揆は主要に「立ち帰り」キリシタンから構成されていたことが窺われる。仮にそうであるとすれば、やはり一揆の主力は「立ち帰り」キリシタンであったと考えられる。

確かに何ら信仰のリーダーなしに「立ち帰り」は起らなかったかもしれない。一方迫害に屈しなかった、少数の確固とした信者のみでも、やはり一揆蜂起は起らなかったのではないか。状況を動かしたのは、何といっても「立ち帰り」であったと考えられる。

本書に関わるもう一つの点は五野井氏が、一揆が行った信仰強制や寺社・僧侶・神官への迫害を一揆蜂起の際、信徒が抱えていた信仰弾圧へのわだかまりによるもの、としている点である。本書の、「異教徒」への攻撃をキリシタン大名時代の信仰への回帰によると考える点と大きく異なっており、これも再検討が必要であろう。

まず五野井氏の直接の論拠となっているのは、『山田右衛門作以言語記』の、一揆蜂起した人々に関する記述「彼らはさらに天下によってキリスト教が禁止されてきたことに鬱憤を晴らそうとして仏僧・奉行・代官を殺し、キリスト教に改宗しない者を悉く誅罰した」（五野井前掲書、一七二ページ）であると思われる。しかしこの記述は、『山田右衛門作口書写』を下敷きにして叙述を詳細にしたと考えられる『山田右衛門作以言語記』にみられるものであり、その信憑性に今一つ疑問が残るように思われる。

第二に「わだかまり」だけで一揆の行動を説明できるだろうか。例えば天草地域の栖本の代官石原太郎左衛門に一揆が改宗を迫ったこと（本書四七ページ）は、「わだかまり」からは説明できないように思われる。寺社・僧侶・神官への迫害や信仰強制は、やはり改宗という具体的な目的と直結していると考えた方が自然ではないだろうか。

第三に一揆の指導者であった天草四郎の信仰には、キリスト教のために異教徒を撲滅するという側面が存在している。以前棄教したことを後悔し、今後は天草四郎を擁立し宗旨を守るという島原一揆の申し入れに対し、天草四郎は、そうであれば、自分は大将として方々へ押寄せ、キリシタンにならない者は誅罰して宗門を守るつもりであると答えたという（本書一三四ページ）。キリスト教の信仰を守ることと異教徒を誅罰することとが、天草四郎においては一体のものであったことが窺えよう。この点は「四郎法度書」にも、祈禱・断食・鞭打ちの苦行だけが善行ではなく、「城内の普請、異教徒の攻撃の防衛、戦闘総てが」奉公とする点（本書二一〇ページ）とも対応する。一揆の信仰において異教徒の撲滅をめざすという要素は重要なものであったと考えられる。その由来は、キリシタン大名時代の宣教師の教えに求めるのが、最も妥当であるように思われる。

三

ところで島原、天草の一揆蜂起は、厳しいキリシタン禁制・迫害によって、棄教を偽装しつつ密かに信仰を堅持していた、あるいは棄教したことへの後悔に苦しんでいた「転びキリシタン」全体にどのような意味をもったのであろうか。端的にいってこれら潜在的キリシタンたちは等しく一揆蜂起を支持したのか、それとも否か。この問いは、同じキリシタンであるから当然支持したと断定できない、難しい問題を含むものである。

なぜなら第一に幕末まで信仰を堅持してきた、いわゆる潜伏キリシタンの中に、島原の乱におけるキリシタンたちの行動を否定する言説がみられるからである。江戸最末期の一八六七年四月に起った、浦上四番崩れとよばれる、信仰公言による潜伏キリシタンらの拘禁事件の際、潜伏キリシタンの指導者高木仙右衛門は次のように証言する。即ち、キリシタンは仏教や神道に関わることでなければ天皇や将軍の命令に従うこと、キリシタンは天草四郎らのように謀叛し、勝手・我儘を行うとの世上に流布する言説は誤りであり、我々は天草四郎とは無縁の存在であること、である（高木慶子『高木仙右衛門に関する研究――「覚書」の分析を中心にして』一二四～一二六ページ）。

禁教令発布後にもキリシタンの支えとなってきた「マルチリヨの勧め」「マルチリヨの心得」では、殉教とは非暴力のものであり、権力者らの迫害に対して武力で戦うことは殉教の名に値せず、キリストの教えに殉じるには戦わず、無抵抗・非暴力を貫かなければならなかった（五野井前掲書、二六三ページ）。こうした信仰をもつキリシタンにとって、島原の乱が決して共感できないものだったことは容易に想像がつく。先の潜伏キリシタンの発言は、単に長い禁教の時代を経た信仰の変容として片づけることのできないものであり、迫害の中で生きた信仰の中核に関わる点を含んでいると考えられる。

第二に現在知られる史料から、一揆が蜂起した当時、天草地域の「転びキリシタン」の中に、一揆に加わらなかったと推定される人々がいるからである。天草地域の下島にある大江・高浜・崎津の地域の人々である。島原の乱勃発後まもなく熊本藩に逮捕された天草キリシタン一揆の指導者渡辺小左衛門は、志岐・大江・高浜・崎津・河内浦に棄教したキリシタンが五、六千もいるが、今度立ち帰ったかどうかは知らないと供述している（『御家中文通之内抜書』、『原史料』〇八五四）。そしてこのうち大江・高浜・崎津は、吉村豊雄氏が注目しておられるように、文化二年（一八〇五）に大量の「異宗」（正当な仏教ではない「心得違い」の宗旨）の信徒として五千人に上る人々が摘発された、いわゆる天草崩れの舞台となる今富・大江・崎津・高浜の四ヵ村と重なっているのである（吉村『潜伏キリシタン村落の事件簿』第一章など）。

摘発された「異宗」信者たちは、改めて改宗することを前提に、一人も殉教者とはならず許された（大橋『キリシタン民衆史の研究』第七章第二節）が、その信仰はキリシタンであると判断できるものである。今富村・大江村・崎津村の住民は探索に答えて自らの信じる神をデウスといい「あんめんしんす」「あんめんじんず」「あんめんりゆす」（Amen Jesus）と唱え（『天草古切支丹資料』一、四〇・四四・四五ページ）、大江・崎津村では七日ごとに訪れる日を祝日として「どみん」「ドミンゴ」（domingo、日曜）と呼び、金物を忌む日と述べているが、明らかにキリスト教の神デウスと、祈りの言葉と安息日の習慣がみてとれる（同上）。

信仰対象として「十文字の上に礫の人形あり候『異仏』」が見いだされている（同上、五二ページ）。また住民の一人は子供が生まれた際に、本尊に供えた水に十字を書き、その水を紙に浸して生まれたばかりの子の額に当てる、女の子が生まれれば「マルヤ」と異名をつけ、男の子が生まれたならば「ジユワン」または「ヘドロ」と異名をつけるなど、洗礼と霊名付与の習慣が語られる（同上、五五〜五六ページ）。さらに「疱瘡・熱病等にて相果て、坊主の手に掛らざるを善き死と云い、坊主の事を罪人と申し、殊の外坊主を嫌い、法事など致し候ても跡を汐にて清め申し候」など、仏教を忌避する発言もみられ（同上、五六ページ）、彼らが恐らく神仏の信仰と自らの信仰とを峻別していたことは間違いない。「経消」という僧侶の読経の効果を無効にする、「あめまるや（Ave Maria）」（同上、七八ページ）「キリ、ズ。キリステレズ」（『天草古切支丹資料』二、三八ページ）で始まる呪文の存在も供述されている。となるとこれらの村の人々は、島原の乱当時「転びキリシタン」とみなされ、かつ十九世紀初頭にはそのキリシタン信仰は健在であった。乱後に新たに信仰が芽生えたのでない限り（この想定自体極めて困難だが）、十九世紀まで秘かに信仰を堅持したことになる。またもし島原・天草での一揆蜂起に村ぐるみで加わっていたら、十九世紀の健在を想定することは困難だと思われる。乱当時の大江・高浜・崎津の動静は詳しく分からないが、河内浦住民は唐津藩士横野弥三右衛門から動員されており、陰山仁右衛門は島子での敗戦から富岡城へ向う途中崎津に「逼留」しているから（『寺沢藩士による天草一揆書上』一一四、一九二ページ）、この地域は藩方の勢力圏だったと考えられる。乱後、崎津村十六人、今富村五人が処刑されている（『深谷市田中家文書』、『原史料』一五〇七）が、少なくとも島原の乱当時、村ぐるみで一揆蜂起に加わった形跡は窺えない（吉村豊雄『百姓たちの戦争』一六三ページ）。

これらの点から等しく「転びキリシタン」あるいは潜伏キリシタンであっても、島原・天草の一揆蜂起に加わったとは限らないことが想定される。この点をどのように考えたらよいだろうか。一つの考え方として、当時の日本に存在したキリシタンが総て一枚岩ではなかったとの想定が可能だと思われる。もちろん同じ神を信じるという連帯感は当然考えられるものの、同程度に対立の契機も考えられるのではないか。信仰の地域的な差異や宣教・影響を受けた会派の差異等、キリシタン間での相違に関する研究が比較的少ないこともあり、現時点で、一定の見解を提示することは筆者の力量に余るので、従来の研究で指摘されてきた論点のうち、検討する必要があると思われる点を幾つか提示するにとどめたい。

第一にキリシタンを指導してきた宣教師間におけるイエズス会とスペイン系諸会派の対立である。例えば、ドミニコ会が組織する「ロザリオの組」の浸透・拡大がイエズス会に脅威を与え、一六二〇年に有馬地域でイエズス会とドミニコ会との間に双方のコンフラリアをめぐり対立が深まったという事実がある（五野井前掲書、一一二ページ）。

キリスト教宣教師内部での派閥争いが、島原の乱に対するキリシタンの帰趨に影響を与えたことは想定できるのではないか。有名な天草四郎陣中旗は、五野井氏によればイエズス会の影響下の「聖体のコンフラリア」の旗と考えられ（同前、二一五〜二一六ページ）、一揆へのイエズス会の影響を窺わせる。

一方潜伏キリシタンの中にスペイン系諸会派が影響を与えていたことを物語る事例も知られている。慶応元年（一八六五）に、信仰を公言するかどうかをめぐり、潜伏キリシタンの間で起った「野中騒動」の名で知られる事件がある。長崎県外海地方にある出津《しつ》（現・長崎市西出津町）のキリシタン宅にあった「マリア十五玄義図」を、来日していたパリ外国宣教会のプチジャン神父ら宣教師が見つけたことに端を発し、公的な信仰表明の是非をめぐり、同地のキリシタンらの間で刃傷沙汰が生じるに至った事件である。この事件の焦点となった「マリア十五玄義図」は、岡美穂子氏によるとフランシスコ会の強い影響を受けたものと考えられる（岡「贖宥への祈り――マリア十五玄義と『オラショの功力』」）。

第二に潜伏キリシタンの中に、仏教や神道との共存を示す事例があり、その共存の形態が禁教期以前に遡ることが指摘されている。中園成生氏によると、生月島の潜伏キリシタンは屋敷内で「かくれ信仰」の御神体と共に「お伊勢様」「お荒神様」「お大師様」や仏壇を祀っているが、それぞれに対する信仰は並存しつつ保たれており、混在してはいないし、生月島では「かくれ信仰」の聖地以外に寺院、神社、祠、石仏があるが、それぞれに対する信仰は相互に混淆せず並存の形態を保った形で共存しているという（中園「かくれキリシタン、信者と信仰の実像」）。このような形態は、中園氏によれば、早くからキリスト教に触れ、全国に先駆けて慶長四年（一五九九）に禁教したものの、組織や住民を根絶やしにするまで弾圧を行わなかった平戸松浦氏の政策により、「禁教以前の前期から中期前半にかけての」キリシタン信仰の要素がそのまま多く継承されたと考えられるという（中園前掲論文）。

このことはキリシタンの中に、「異教」を攻撃・撲滅の対象とはしない信仰が禁教以前から存在してきたことを想定させるものといえよう。島原、天草の地でイエズス会が宣教したものとは異なる信仰の形態が、禁教以前から存在したことが示唆される。特にこの点と関わって注目されるのは、日常的な生活の要求に発する現世利益的な信仰が、日本の在来信仰、キリシタン信仰でそれぞれ代替できていた事実である。一例をあげれば山伏の行っていた祈禱をイエズス会の宣教師が代替した事例がある。

天草地域の二江では、貯水池から田へ引く水が流れなかった場合、修験者を呼んで祈禱することが習慣となっていた。しかし地域の住民が「聖母信心会」に入会した後は同じ役目を教会の長老に託し、長老は「諸聖人の連禱」及び「使徒信経」を唱えたところ、水が流れたとルイス・フロイスは報告している（「一五九六年度、年報」『十六・七世紀イエズス会日本報告集』第一期二、一六九～一七〇ページ、中園前掲論文）。二江の人々には、宣教師たちは、より強力な外国の修験とみえた可能性もあるのではないか。

日本在来の信仰習俗がキリスト教のそれと酷似している点のあることは、イエズス会宣教師が宣教活動に従事するなかでしばしば注目し、こうした日本の信仰習俗を「悪魔」によるキリスト教の信仰習俗の「偽造」と見なしていたこと（拙著『宗教で読む戦国時代』三一～三八ページ等）からも窺える。もし在来信仰の否定さえ公言されなかったら、日常のニーズに応える祭式の側面ではキリスト教と在来信仰とは、当時の日本人には区別がつかなかった可能性は低くないだろう。豊臣秀吉が、「八宗九宗」の一つとして庶民のキリシタン信仰を容認すると宣言したことは周知のところである。

十八世紀以降、幕藩権力は、自ら信仰表明しない限りキリシタンを摘発しようとせず、「異宗」として処理していた（大橋幸泰「『異宗』とキリシタン」前掲『キリシタン民衆史の研究』、初出一九九六年）。この点は、さきほど見た「天草崩れ」において実際にみられた通りである。少なくとも村社会の次元では、キリシタンの信仰習俗のみであれば、幕府に不都合な問題は起きなかったからであると考えられる。

一方島原の乱でみられた「立ち帰り」では、「異教」に対する攻撃こそが信仰の証とされた。在来信仰との共存を否定する信仰と、例えば生月島の潜伏キリシタンのそれとが著しい対照をなしていることは容易に推測できよう。中園氏が想定されるように「唯一信教の維持（並存の拒否）にこだわり戦う途を選択」した「島原・上天草の信者」、「禁教に対応したキリシタンの信仰形態の確立・維持を図」った「外海・浦上の信者」、「他宗教・信仰を親和的に並存させ」「キリシタン信仰の総体を継承」した「生月島・平戸島西岸の信者」（中園前掲論文）、と、幾つかの異なったタイプが考えられるように思われる。

日本の在来信仰と共存する、現世利益的で民俗信仰と類似した側面をともなう潜伏キリシタンの信仰は、キリスト教の日本的変容とみるのが従来からの有力な見解である。キリスト教は本来呪術的・民俗的側面を克服した一神教であるとの前提からであるが、この前提は、十六・十七世紀のヨーロッパのキリスト教の実態からみて疑問なしとしない。キリスト教信仰と前キリスト教的民俗信仰との共存も指摘されているからである。

レンヴァルト・ツィザート（一五四五～一六一四）は、十六世紀後半にカトリック改革（反宗教改革）の拠点であったルツェルン（スイス）において、市参事会員・市書記官として、イエズス会の招致や神学校の設立に尽力した人物であるが、彼がルツェルン周辺の農村地帯で行った調査によれば、正統的カトリック世界とされるルツェルンにおいても前キリスト教的な諸信仰が存続していたことが窺える（踊共二「スイス山岳農民の宗教世界——レンヴァルト・ツィザートの民俗誌から」）。例えば地の精（こびと）の目撃譚が語られ、山奥で不死のまま生き続ける美しい三姉妹の存在が信じられ、オーディン（戦の神）の率いるとされる死者の軍隊の目撃譚が記録され、占い師が、これを悪魔の手引とするツィザートの確信にもかかわらず根強く残存し、ポンティウス・ピラトゥス（ローマ総督）の亡霊の存在が信じられ、竜の石が治病に効果をもつと信じられ、薬剤師であったツィザート自身、ペストによく効くと主張していた（同前）。同じイエズス会による宣教の影響が強い日本人キリシタンの信仰の実態を考える上で考慮すべきもののように思われる。

フランスのブルターニュ地方では、二十一世紀に入っても続く「パルドン祭り」というキリスト教的色彩の強い伝統的な民俗行事が行われており、ブルターニュのサンターヌ・ラ・パルーでも七月にプチ・パルドンが、八月にグラン・パルドンが行われている。プチ・パルドンでは、眼病に効くとされる泉水を参詣者にふりかけるベネディクションが教会の神父によって行われるが、二〇〇五年のプチ・パルドンの際、新任の神父が「カトリックの教義にない泉水のベネディクションはしたくない、どうしてもやらなければならないのか」と祭りの世話役に尋ねたところ、「伝統だからやらなければならない」との答えを得て、やり方を習ったという（新谷尚紀・関沢まゆみ『ブルターニュのパルドン祭り——日本民俗学のフランス調査』一六ページ）。教義の専門家といえども民衆の信仰に合わせる必要があるのは、ヨーロッパのキリスト教も、日本の仏教も変わりはないようである。

最初に本書を執筆した段階では、「異教」との徹底した対立こそキリシタンの特徴と考えていたが、島原の乱当時のキリシタン信仰全体を考える際には、対立を選ばなかった信者を想定することも今後の研究の課題の一つであると思われる。「一神教」キリスト教の排他的側面、それが結果的にもたらす反権力的行動のみならず、キリシタン信仰を幅広い視点で見ていくことが今後の課題ではないか。おりから「長崎と天草地方の潜伏キリシタン関連遺産」の、世界文化遺産への登録が勧告された。さらなる研究の進展を願う次第である。

最後になったが学術文庫版の刊行にあたり、編集のお世話をいただいた青山遊氏と校閲の方に心より感謝して、今回のあとがきに代えたい。

二〇一八年五月

神田千里

参考文献

煎本増夫『島原・天草の乱――信仰に生きたキリシタンの戦い』新人物往来社、二〇一〇年
大橋幸泰『キリシタン民衆史の研究』東京堂出版、二〇〇一年
同『検証島原 天草一揆』吉川弘文館、二〇〇八年
岡美穂子「贖宥への祈り――マリア十五玄義と『オラショの功力』」『文学』二〇一二年九・一〇月号
踊共二「スイス山岳農民の宗教世界――レンヴァルト・ツィザートの民俗誌から」『武蔵大学総合研究所紀要』一七、二〇〇七年
神田千里『宗教で読む戦国時代』講談社、二〇一〇年
九州史料刊行会編（代表者竹内理三・箭内健次）『天草古切支丹資料』一～三、一九五九～一九六一年
五野井隆史『島原の乱とキリシタン』吉川弘文館、二〇一四年
新谷尚紀・関沢まゆみ『ブルターニュのパルドン祭り――日本民俗学のフランス調査』悠書館、二〇〇八年
髙木慶子『髙木仙右衛門に関する研究――「覚書」の分析を中心にして』思文閣出版、二〇一三年
鶴田倉造『Q＆A天草四郎と島原の乱』熊本出版文化会館（創流出版発売）、二〇〇八年
中園成生「かくれキリシタン、信者と信仰の実像」『歴史学研究』九四一号、二〇一六年
服部英雄・千田嘉博・宮武正登編『原城と島原の乱――有馬の城・外交・祈り』新人物往来社、二〇〇八年
吉村豊雄『百姓たちの戦争』〈歴史ルポルタージュ島原天草の乱第一巻〉清文堂出版、二〇一七年
同『原城の戦争と松平信綱』〈歴史ルポルタージュ島原天草の乱第二巻〉清文堂出版、二〇一七年
同『潜伏キリシタン村落の事件簿』〈歴史ルポルタージュ島原天草の乱第三巻〉清文堂出版、二〇一七年

本書の原本は、二〇〇五年、中公新書として刊行されました。

神田千里（かんだ　ちさと）
1949年生まれ。東京大学文学部卒業，同大学大学院人文科学研究科博士課程単位取得退学。高知大学教授を経て，現在，東洋大学文学部教授。博士（文学）。専攻は，日本中世史（中世後期の宗教社会史）。主な著書に，『宗教で読む戦国時代』（講談社選書メチエ），『一向一揆と戦国社会』（吉川弘文館），『戦国と宗教』（岩波書店），『宣教師と『太平記』』（集英社新書）などがある。

講談社学術文庫

定価はカバーに表示してあります。

島原《しまばら》の乱《らん》
キリシタン信仰《しんこう》と武装蜂起《ぶそうほうき》

神田《かんだ》千里《ちさと》

2018年８月10日　第１刷発行
2025年５月12日　第４刷発行

発行者　篠木和久
発行所　株式会社講談社
東京都文京区音羽 2-12-21 〒112-8001
電話　編集（03）5395-3512
販売（03）5395-5817
業務（03）5395-3615

装　幀　蟹江征治
印　刷　株式会社ＫＰＳプロダクツ
製　本　株式会社国宝社
本文データ制作　講談社デジタル製作

ISBN978-4-06-511727-9

「講談社学術文庫」の刊行に当たって

これは、学術をポケットに入れることをモットーとして生まれた文庫である。学術は少年の心を養い、成年の心を満たす。その学術がポケットにはいる形で、万人のものになることは、生涯教育をうたう現代の理想である。

こうした考え方は、学術を巨大な城のように見る世間の常識に反するかもしれない。また、一部の人たちからは、学術の権威をおとすものと非難されるかもしれない。しかし、それはいずれも学術の新しい在り方を解しないものといわざるをえない。

学術は、まず魔術への挑戦から始まった。やがて、いわゆる常識をつぎつぎに改めていった。学術の権威は、幾百年、幾千年にわたる、苦しい戦いの成果である。こうしてきずきあげられた城が、一見して近づきがたいものにうつるのは、そのためである。しかし、学術の権威を、その形の上だけで判断してはならない。その生成のあとをかえりみれば、その根は常に人々の生活の中にあった。学術が大きな力たりうるのはそのためであって、生活をはなれた学術は、どこにもない。

開かれた社会といわれる現代にとって、これはまったく自明である。生活と学術との間に、もし距離があるとすれば、何をおいてもこれを埋めねばならない。もしこの距離が形の上の迷信からきているとすれば、その迷信をうち破らねばならぬ。

学術文庫は、内外の迷信を打破し、学術のために新しい天地をひらく意図をもって生まれた。文庫という小さい形と、学術という壮大な城とが、完全に両立するためには、なおいくらかの時を必要とするであろう。しかし、学術をポケットにした社会が、人間の生活にとってより豊かな社会であることは、たしかである。そうした社会の実現のために、文庫の世界に新しいジャンルを加えることができれば幸いである。

一九七六年六月　　野間省一